Kalb

Forum
Artenschutz

Der Luchs

Roland Kalb

Der Luchs

Lebensweise
Geschichte
Wiedereinbürgerung

Naturbuch Verlag

Der Autor: Roland Kalb, Jahrgang 1931,
lebt in Dauchingen; regelmäßige journalistische
Beiträge zu Naturthemen in Fachzeitschriften,
Vortragstätigkeit; weitere Publikationen: „Das Watt",
1991 im Naturbuch Verlag erschienen.

Bildnachweis
S.6 rechts u. S.38: Luchsdarstellung aus dem Werk
von F. von Tschudi, „Das Tierleben der Alpenwelt"
(9. Auflage, Leipzig 1872); S.7 links u. S.48: Luchsauf-
kleber des Instituts für Jagdkunde und Wildbiologie,
Universität Göttingen; S.60 Mitte: Serge Monbaron;
S. 61 unten links: Andreas Kappeler; alle übrigen Fotos
vom Autor.

Die Deutsche Bibliothek-CIP-Einheitsaufnahme
Kalb, Roland:
Der Luchs: Lebensweise, Geschichte,
Wiedereinbürgerung/ Roland Kalb.-
Augsburg: Naturbuch-Verl. 1992
(Forum Artenschutz)
ISBN 3-89440-055-2

Naturbuch Verlag
© 1992 Weltbild Verlag GmbH, Augsburg
Alle Rechte vorbehalten
Grafische und typografische Gestaltung:
grafikbüro kreck, Neu-Ulm
Reproduktionen: R+P Reprogesellschaft, Neu-Ulm
Umschlagfoto: Roland Kalb
Zeichnungen: Manuela Hutschenreiter, München
Gesamtherstellung: Milanostampa
Printed in Italy

ISBN 3-89440-055-2

Vorwort

Der Luchs war lange Zeit ein verfemtes Tier, das als Räuber gnadenlos verfolgt und so in Deutschland und in vielen anderen Gebieten Europas ausgerottet wurde. Erst in den letzten Jahrzehnten artikuliert sich immer deutlicher die Meinung, daß auch die großen Beutegreifer eine Existenzberechtigung haben. Sie gehören als wichtige Bestandteile in die hier heimischen Lebensgemeinschaften und tragen dazu bei, daß sich die natürlichen Gleichgewichte, etwa zwischen den Huftieren und der Vegetation, einpendeln können. Solche ökologischen Einsichten, aber auch die Faszination, die vom Luchs ausgeht, haben dazu geführt, daß diese Katze an mehreren Stellen in Mitteleuropa wieder eingebürgert wurde, um so die Fehler unserer Vorfahren wiedergutzumachen. Weitere Aktionen dieser Art sind in Vorbereitung.

Wiedereinbürgerungspläne für den Luchs lösen in der Regel heftige Diskussionen aus und stoßen in einigen Kreisen der Bevölkerung wegen der erwarteten Schäden auf ernsthaften Widerstand. Dabei bleiben die tatsächlichen Verluste durch den Luchs meist weit hinter denen zurück, die man diesem "Raubtier" zutraut oder andichtet.

Das vorliegende Buch setzt sich zur Aufgabe, mit derartigen Vorurteilen aufzuräumen und sie durch gesichertes Wissen zu ersetzen. Es vermittelt ein umfassendes Bild der biologischen Grundlagen, der Lebensweise und des Beutemachens des Luchses, verfolgt die Ausrottungsgeschichte und schildert die Wiederansiedlungsbemühungen einschließlich der dabei aufgetretenen Probleme. Damit wird das Fachwissen über den Luchs für die interessierte Öffentlichkeit aufbereitet und so ein wesentlicher Beitrag zur Versachlichung der Diskussion um ihn geleistet.

Es bleibt zu hoffen, daß das verbesserte Wissen auch zu mehr Verständnis und größerer Toleranz gegenüber diesem Beutegreifer führt. Es stünde uns gut an, wenn wir uns zu seinem Schutz nicht nur auf die europäischen Nachbarn verließen, sondern einen eigenen Beitrag dazu leisteten, auch wenn gewisse Opfer damit verbunden sein sollten.

Detlef Eisfeld, im März 1992

Inhaltsverzeichnis

Biologie und Ökologie

Nordluchs (Lynx lynx)
Verbreitung: Eurasien

Pardelluchs (Lynx pardina)
Verbreitung: Iberische Halbinsel

Luchsarten und ihre systematische Einordnung

Die stammesgeschichtliche Entwicklung der Raubtiere, und damit auch die Geschichte unserer heutigen Luchse, begann am Anfang des Tertiär, vor ca. 60 Millionen Jahren. 40 Millionen Jahre alte Fossilienfunde aus Asien belegen, daß die ersten Katzen im Jung-Eozän lebten. Es dauerte weitere 37 Millionen Jahre, bis sich im Jung-Pliozän eine einheitliche Gruppe von Kleinkatzen herausgebildete hatte: das waren die Luchse.

Die ältesten Funde katzen- und hundeartiger Raubtiere haben zahlreiche übereinstimmende Merkmale, die auf eine gemeinsame Wurzel schließen lassen. Deshalb sind sie bei der Großgliederung der Landraubtiere in einer Überfamilie (Cynofeloiden) zusammengefaßt. Unter dem Dach dieser Überfamilie leben wiederum mehrere Familien und eine davon ist die der Katzen (Felidae). Diese Familie umfaßt zwei Unterfamilien, die Geparden und die Echten Katzen (Felinae). Von den Felinae gehen wieder Zweige ab, die in 2 Gattungen münden. Das sind die Großkatzen (Pantherini) und schließlich die Kleinkatzen (Felini), zu denen insgesamt 28, überwiegend kleine Katzenarten gehören, darunter auch die Luchse.

In Europa sind zwei der fünf Luchsarten beheimatet. Der Nordluchs (Lynx lynx) und der Pardelluchs (Lynx pardina). Das Verbreitungsgebiet der Nordluchse erstreckt sich über die Wiedereinbürgerungsgebiete Mitteleuropas bis in die Karpaten, über Teile Nordeuropas, Ostsibiriens, Zentral- und Mittelasiens, einschließlich Koreas, während der Pardelluchs auf der Iberischen Halbinsel zu Hause ist. Aufgrund seiner größeren Bedeutung für Mitteleuropa und im Hinblick auf die Einbürgerungsversuche soll hier nur der Nordluchs behandelt werden. Wenn in den weiteren Ausführungen immer wieder einmal von der Großkatze gesprochen wird, bezieht sich das nicht auf die Gattung, sondern auf die relative Größe des Luchses verglichen mit anderen Kleinkatzen.

Kanadaluchs (Lynx canadensis)
Verbreitung: Kanada, Alaska

Rotluchs (Lynx rufus)
Verbreitung: Nordamerik. Kontinent

Wüstenluchs (Lynx caracal)
Verbreitung: Steppen Afrikas, Teile Südasiens

Körpermerkmale des Nordluchses

Der 85 bis 110 cm lange Nordluchs ist eine hochbeinige Katze mit einer Schulterhöhe von 50 bis 75 cm. Das Gewicht liegt je nach Gegend zwischen 14 und 36,5 kg. Die Männchen sind im Durchschnitt 15 % schwerer als die Weibchen.

Drei Unterscheidungsmerkmale heben den Luchs von den anderen Katzenarten deutlich ab. Das ist die bereits erwähnte Hochbeinigkeit, der mit 12 bis 17 cm verhältnismäßig kurze Schwanz mit seiner schwarzen Spitze und die Pinselohren. Die bis zu 4 cm langen Ohrenpinsel verstärken seine Fähigkeit, Schall zu orten.

Die Augen mit ihrer gelb- bis ockerbraunen Färbung stehen eng zusammen, sind nach vorn gerichtet und überblicken durch diese Anordnung einen weiten zusammenhängenden Bereich. Die verhältnismäßig großen Pfoten haben in ihrer Mitte und am Rand dichte Haarpolster. Die Haarpolster wirken als Kälteschutz. Die breiten Sohlen verteilen den Druck, den das Körpergewicht auf den Boden ausübt, auf eine größere Fläche (Flächenbelastung pro Quadratzentimeter 40 g), was dem Luchs eine gute Fortbewegung im Schnee ermöglicht.

Die Musterung des Felles kann bei den Großkatzen einer Region verschieden stark ausgeprägt sein. Das Sommerfell ist rötlichbraun mit schwarzen Flecken. Im Winter nimmt es eine gräuliche Färbung an, ist dichter und weniger intensiv gefleckt. Insgesamt besteht das Fell aus einer dichten Unterwolle und den darüber liegenden 5 bis 7 cm langen Grannenhaaren. Der Bauchbereich ist lockerer behaart als der Rücken. Der Backenbart ist stark ausgebildet.

Der 85 bis 110 cm lange Nordluchs ist eine hochbeinige Katze mit einer Schulterhöhe von 50 bis 75 cm.

Die bis zu 4 cm langen Ohrpinsel verstärken die Fähig-keit, Schall zu orten

Das Sommerfell ist in der Regel rötlich-braun, zusammen mit der schwarzen Fleckung „tarnt" es den Luchs

Der mit 12-17 cm verhältnismäßig kurze Schwanz endet in einer schwarzen Spitze

Im Winter nimmt das Fell eine gräuliche Färbung an, es ist dichter und die schwarzen Flecken sind weniger intensiv

Im Aktionsraum des Luchses kann auch die Wildkatze beheimatet sein

Lebens-
und Aktionsraum

Luchs und Rauhfußkauz leben oft im gleichen Revier

Ein typisches Luchsrevier im Mittelgebirgsraum. Blick vom Falkenstein zum Arber (Bayerischer Wald)

Der Luchs ist ein bewegungsfreudiges Tier, er durchstreift große Aktionsräume

Eine Luchspopulation benötigt großräumig zusagende Lebensbedingungen. Dazu gehört in der Regel ein zusammenhängendes Waldareal. Beispiele aus der Vergangenheit zeigen jedoch, daß Luchse auch fast baumlose Landschaften besiedeln, wenn diese genügend Deckungsmöglichkeiten aufweisen. Im Gebirge, z. B. in den Schweizer Alpen, gelten heute Höhenlagen zwischen 1000 und 1600 Metern als vom Luchs bevorzugte Standorte, wobei steilere, felsige Hänge häufiger aufgesucht werden als flacher auslaufende. Im Norden Eurasiens erstreckt sich der Lebensraum bis in die aufgelockerte Waldregion der Taiga.

Man darf also zurecht fragen, inwieweit oder ob die Zurückdrängung und Zerstörung des Waldes überhaupt zur Ausrottung des Luchses beigetragen haben. Ein Blick auf die Luchsgeschichte zeigt, daß die Landschaften, in denen er länger überleben konnte, die wenig bewaldeten, aber deckungsreichen Felsenregionen des Aostatales und der Seealpen waren.

Als in der Schweiz die Bestandsminderungen spürbar wurden, war die Zurückdrängung des Waldes schon lange abgeschlossen. Aus alledem folgt, daß der Luchs durchaus auch in von landwirtschaftlichen Nutzflächen unterbrochenen Wäldern leben kann, ohne daß dies seine Bewegungsfreiheit wesentlich behindert. Die kleine Einschränkung „wesentlich" bezieht sich auf die Jahreszeiten, denn freies, deckungsloses Gelände wird von der Großkatze in der Regel gemieden. Während der Vegetationszeit bieten die Felder und Wiesen entsprechenden Sichtschutz, im Winter dagegen kaum.

Die dämmerungs- und nachtaktiven Luchse verbringen den Tag im Schutz des Waldes. Der Einsatz der Telemetrie (Überwachung durch Funkpeilung) brachte hier genauere Kenntnisse. Die Luchse erhielten einen Sender, der an einem Halsband befestigt ist, welches an einer Bruchstelle nach drei Jahren durchrostet. Ihr jeweiliger Aufenthaltsort ließ sich dadurch gut nachvollziehen. Die Großkatzen der Vogesen wurden während des Tages überhaupt nicht außerhalb der Baumbestandes angetroffen und die in den Schweizer Nordalpen nur bei 4 bis 6 % aller Anpeilungen. Als Tageseinstände werden Felspartien mit halbhöhlenartigen Überhängen bevorzugt, die gegen die Witterungsunbilden einen entsprechenden Schutz bieten und in die der Wind eine warmhaltende Laubschicht hineingeweht hat.

Ist die Sonne am Horizont untergetaucht, berühren die Tiere auf ihren Jagdzügen auch freies Gelände. Hier rissen zwei unter Telemetriebeobachtung stehende Luchse 38 % ihrer Beute. Diese Rißplätze lagen aber immer noch im Umfeld des Waldes, im Durchschnitt in einer Entfernung von 203 m. Daß die Großkatze diese landwirtschaftlichen Areale in der Nacht in ihr Jagdrevier einbezieht, liegt am Verhalten der Beutetiere. Diese verlassen meistens in der Dämmerung oder in der Dunkelheit ihre Einstände, um zur Äsung die Felder oder Wiesen aufzusuchen.

Neben den Waldgrenzen bestimmt den Aktivitätsradius des Luchses auch die menschliche Besiedlungsdichte. Der Abstand zu den Ortschaften und ihren Verbindungsstraßen lag nur bei 14 % der überwiegend am Tag angepeilten Tiere zwischen 200 und 500 m. Während der Nacht bewegen sich Luchse dagegen häufiger in der Nähe von menschlichen Siedlungen. Immerhin waren 36 % der Fundplätze nächtlicher Luchsrisse nicht weiter als 500 m von Wohnorten entfernt.

Daß sich Luchse an die Zivilisation mit ihrem Rummel gewöhnen, wenn entsprechende Ausweichareale zur Verfügung stehen, belegen auch andere Beispiele: In den Felsen des Falkensteins im Bayerischen Wald führt ein von Menschen stark begangener Weg in der Nähe eines dichten, deckungsbietenden Baumbestandes vorbei. Hier hatte ein Luchs sein Lager bezogen, ohne sich vom Besucherstrom stören zu lassen. In nur 200 bis 300 m Entfernung von einem in der Saison gut besuchten Gasthof in den Vogesen war ebenfalls in einer größeren Dickung der bevorzugte Aufenthaltsplatz einer Luchsin. Nebeneinander geparkte PKW's von Wochenendausflüglern, mit ihrem neben den Autos nicht gerade leise ablaufenden „Rastgebaren", waren für „Meister Pinselohr" kein Grund, den Standort zu wechseln. Nur 200 m Abstand lagen zwischen einem Kinderheim und der Kinderstube junger Luchse. Trotz dieser Beobachtungen, hat der Lebensraum der hochbeinigen Katzen gewisse Grenzen, die sie nicht oder nur schwer überwinden können. Seen, stark befahrene Straßen und dicht bevölkerte Täler, mit einer weniger als 1 km breiten Talsohle, können für Luchse Hindernisse darstellen. Ausnahmen bestätigen die Regel: um in den Schwarzwald zu gelangen, überquerte 1988 ein Luchs den Rhein und stark befahrene Straßen.

Die Einschätzung der durchschnittlichen Reviergröße – und damit auch des Luchsbestandes – ist schwierig, da diese Katzen in einer Nacht 20 km und mehr zurücklegen können. Mittels Telemetrie konnte man feststellen, daß ein weiblicher Luchs innerhalb von 24 Stunden vom westlichen Areal des Sustenpasses in das kleine Melchtal im Kanton Obwalden wanderte.

Am Luchsriß hält sich oft der Mäusebussard gütlich

Obwohl der kleine Sperlingkauz ebenfalls ein Jäger ist, macht er dem Luchs keine Beute streitig

Simmental: Dieser 60 km lange Talkomplex ist der Aktionsraum eines einzigen Kuders

Die dämmerungs- und nachtaktiven Luchse verbringen den Tag im Schutz des Waldes

Die Standorte, die ein Luchs im Laufe von 8 Monaten durchstreifte, lagen an ihren entferntesten Punkten 62 km auseinander. Großräumig gibt es keine exakten Ermittlungsmethoden, die eine ganze Luchspopulation erfassen. Man ist hier auf Schätzungen angewiesen, die jedoch von der Wirklichkeit weit abweichen können.

Die Größe eines Luchsrevieres hängt von verschiedenen Faktoren ab. Dazu gehören das Waldangebot, die Verteilung des Waldes in nahezu baumfreien Gebieten, die Ausdehnung der Deckung bietenden Flächen, die topographischen Verhältnisse, das Beuteangebot und die menschliche Siedlungsdichte. Untersuchungen von zwei weiblichen Exemplaren und einem männlichen Luchs im Bayerischen Wald durch Zachariae haben ergeben, daß dort die Aktionsräume aus einem 33 km² großen Kerngebiet und einer kaum aufgesuchten Randzone bestehen. Diese Angaben sollten jedoch mit kritischer Distanz betrachtet werden. Das untersuchte Gebiet ist ein Grenzgebirge, dessen tschechoslowakischer Teil während der Beobachtungszeit für Wissenschaftler nicht zugänglich war. Es ist nicht auszuschließen, daß sich die Großkatzen nicht nur auf deutscher Seite bewegten. Telemetrische Untersuchungen (von 4 Luchsen) in den Schweizer Nordalpen ergaben ein völlig anderes Bild der „Wohngebietsflächen". Man ermittelte so Reviere zwischen 96 und 450 km². Die Durchschnittsgröße lag bei 250 km², wobei die Männchen größere Areale durchstreiften als die Weibchen. Das Areal, das ein unter Beobachtung stehendes Luchsmännchen im Justistal im November durchwanderte, hatte eine Größe von 570 km².

Bei ihrer Jagd im Gebirge durchstreifen die Großkatzen die Hangwaldgürtel. Zentrale Teile ihres Areals suchen sie dabei im Monat mindestens einmal auf, die Randzone wesentlich seltener. 70 % aller Tagespeilungen ergaben jeweilige Standortveränderungen um 0,5 km. Diese ermittelte Strecke war jedoch jahreszeitlichen Schwankungen unterworfen. Während der Ranzzeit ist sie in der Regel größer, bei weiblichen Tieren während der Jungenaufzucht auch kleiner. Selbstverständlich versucht man bei der Angabe von Reviergrößen diese und andere Schwankungen zu berücksichtigen. Trotzdem sind alle Zahlen der heutigen Populationsgrößen und -dichten Schätzungen, die von der Wirklichkeit wesentlich abweichen können, soweit sie nicht auf telemetrischen Beobachtungen beruhen. Für das Berner Oberland nimmt man 1 bis 2 Tiere pro 100 km² an. Umgelegt auf das Gesamtareal dieser Region, einschließlich des Kantons Obwalden, ergibt das eine Population von 20 Luchsen.

Die Schätzungen für den Schweizer Jura gehen von einem 100 bis 150 km² umfassenden Aktionsraum pro Luchs aus.

Kurz nach der Wiederansiedlung eines Luchses reicht ein verhältnismäßig kleines Areal zum Beuteerwerb aus, da das Wild sich noch nicht auf den Jäger eingestellt hat. Je mehr Luchserfahrung die bejagten Tiere sammeln, desto größer wird ihre Aufmerksamkeit und damit ihre Chance, einem Angriff zu entkommen. Die Großkatze muß also ihren Aktionsraum immer mehr ausdehnen. Das zeigt, daß kleine Reviere auch durch eine Neuansiedlung bedingt sein können, während größere eventuell auf „eingespielte" Luchsvorkommen hinweisen. Man sollte das bei der folgenden Zusammenschau derzeitiger Luchsreviere in Europa vielleicht nicht ganz aus dem Blick verlieren: Die Schweizer Luchspopulation wird insgesamt auf 50 bis 100 Tiere geschätzt; die beobachteten Männchen besiedeln Aktionsräume zwischen 200 und 400, die Weibchen im Durchschnitt Reviere von 100 bis 150 km². Die Areale von Männchen und Weibchen überlappen fast völlig. Die Risse sind hier mittlerweile gleichmäßig und in einem weiten Umkreis verteilt, obwohl vor noch nicht allzulanger Zeit die Zentralalpen vorwiegend kleinere Reviere mit konzentrierten Rißflächen aufwiesen.

In den Vogesen durchstreift der Luchs ein Flächenareal von 250 bis 300 km².

In der Grenzregion von Steiermark und Kärnten ergab sich ein Anfangsbedarf von je 31 km². Im 4. Aussetzungsjahr besiedelten diese Großkatzen einschließlich ihrer Jungen und abzüglich schon eingetretener Verluste (?) eine ca. 1000 km² umfassende Region in Kärnten.

In den Karpaten der Tschechoslowakei haben die Reviere aufgrund ihrer unterschiedlichen Struktur und des Beuteangebotes Ausdehnungen, die sich zwischen 10 und 40 km² pro Luchs bewegen. Das ergibt einen Durchschnittswert von 27 km² und das noch in Gemeinschaft mit Braunbär und Wolf.

In Schweden durchstreifen die hochbeinigen Jäger mit die größten Reviere. Dort umfassen drei untersuchte Aktionsräume 300, 625 und 2000 km². Im Schwarzwald könnten – wenn der Luchs hier wirklich wieder angesiedelt wird – entsprechend der von Goßmann-Köller und Eisfeld erarbeiteten Untersuchungsergebnisse, auf einer geeigneten Gesamtfläche von 4100 km² 41 dieser Großkatzen leben. Das Gesamtareal für eine überlebensfähige Luchspopulation sollte nach Breitenmoser und Haller mindestens 4000 bis 8000 km² umfassen.

Der Luchs als Einzelgänger

Luchse sind ausgesprochene Einzelgänger. Wie finden sie sich in ihren weiträumigen Arealen, wie vermeiden sie ungewollte Begegnungen mit Artgenossen und wie kennzeichnen sie ihr Revier?

Außer dem Ranzruf in der Paarungszeit haben sie ein weiteres, lautloses, dafür aber duftendes „Verständigungsmittel". Es ist ihr Harn oder wenigstens das, was von ihm ausströmt. Die Wirkung wird noch verstärkt durch den Ort und die Art seines Einsatzes. In den Boden abgelassen verflüchtigt sich der Duftstoff bei Niederschlägen recht schnell. Deshalb ist die in Schnupperhöhe am meisten bespritzte, sichere Markierungsstelle ein Baumstumpf, gefolgt von Wurzeltellern umgeworfener Bäume und besonders exponierten Standorten kleiner Fichten. Markiert wird hauptsächlich im Zentralbereich des Kerngebietes, während der Paarungszeit besonders häufig. Die Harnduftmarken werden teilweise auch an Stellen angebracht, wo sich aufgrund der geographischen Gegebenheiten die Luchswechsel kanalisieren. Junge Luchse setzen diese Verständigungskomponente erst nach dem Erlangen der Geschlechtsreife, gegen Ende des zweiten Lebensjahres ein. Diese Duftmarken haben, wie schon angedeutet, verschiedene Funktionen. Sie geben Artgenossen Auskunft über das Geschlecht des Tieres, in dessen Aktionsraum sie eindringen, sie kennzeichnen das Revier, wobei sie keine eigentlichen Markierungen der Arealgrenze bilden und ermöglichen während der Paarungszeit in einem großen unübersichtlichen Gelände das Zusammenfinden.

Als Verständigungsmittel gegenüber Artgenossen setzt der Luchs seinen Harn ein

Junge Luchse werden 5 Monate lang gesäugt – mit 4 Wochen erhalten sie erstmals Fleisch als „Beikost"

10 Monate sind die jungen Luchse auf die Nahrung angewiesen, die ihnen ihre Mutter bringt

Ranzzeit, Geburt und Jungenaufzucht

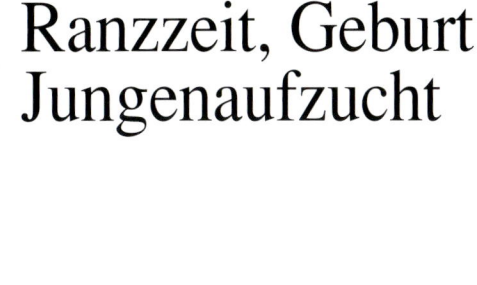

W ährend der Ranzzeit im Februar/März suchen die ansonsten solitär lebenden Luchse, die Gegenwart eines Artgenossen. Der Ranzruf, der „liebeshungrigen" Männchen – ein langgezogenes „Ouuh" – ist besonders in den Nächten weithin hörbar. Wie hartnäckig die Kuder in dieser Periode hinter einer Partnerin her sind, macht folgendes Beispiel deutlich: Ein Wärter, der in der Gehegezone des Nationalparkes Bayerischer Wald in den Frühjahrsmonaten das umzäunte Luchsareal betreute, stellte auf einem Kontrollgang erstaunt fest, daß der Luchsbesatz um ein Tier zugenommen hatte. Eine sofortige Rückfrage bei der Parkleitung ergab, daß auch hier diese Bereicherung nicht gemeldet war. Nach einer Überprüfung stellte sich heraus, daß ein wildes Männchen von einer der Besuchertribünen aus den Maschendrahtzaun überwunden hatte. Eine im Gehege wohnende Luchsin hatte ihn zu diesem Sprung getrieben. Der ungebetene Gast erhielt umgehend wieder die Freiheit. Doch ein Luchs auf Partnersuche gibt nicht so leicht auf. Bald befand er sich erneut innerhalb der Umzäunung und mußte nochmals in die Freiheit zurückbefördert werden.

Die Tragzeit der Luchsin dauert 10 Wochen. Der Geburtstag, der nur 16 bis 18 cm großen Jungen fällt auf Ende Mai, Anfang Juni. Auch hier gibt es Ausnahmen. In dem bereits beschriebenen Gehege verlor eine Großkatze ihre kaum geborenen Jungen. Sie wurde anschließend nochmals trächtig und im August kam es zu einem neuen Wurf, der 2 Tiere umfaßte. In der freien Wildbahn ist ein solches Vorkommnis bisher nicht belegt. Es ist jedoch anzunehmen, daß so spät geborene Jungen nicht in den natürlichen jahreszeitlichen Zyklus passen und deshalb keine Überlebenschance hätten. In der Regel sind es 2, ausnahmsweise auch einmal 4 Katzenbabys, die gemeinsam das Licht der Welt erblicken. Niederkunftsort und Kinderstube sind witterungsgeschützte Stellen unter einem Felsen, oder in einem Hohlraum, der sich im Wurzelstock eines umgestürzten Baumes gebildet hat. Das Matratzenlager besteht oft aus einer eingewehten Laubschicht.

Die Jungen sind in den ersten 16 bis 17 Lebenstagen blind. Ihren ersten Anteil an einem gerissenen Beutetier erhalten sie im Alter von 4 Wochen. Bis sie 5 Monate alt sind, ist dieses Fleisch jedoch nur Zusatznahrung, denn sie werden gleichzeitig gesäugt.

Auch nach der Säuglingszeit bleiben sie, bedingt durch den Zahnwechsel, weiter auf die Nahrungsbeschaffung der Luchsin angewiesen. Nach Beobachtungen von Haller und Breitenmoser begleiteten junge Luchse ihre Mutter noch bis zum 31. März, also bis zu einem Alter von 10 Monaten.

In dem dicht mit Schalenwild besetzten Jagdgebiet Augstmatthorn in den Schweizer Alpen, wechselten die kleinen Luchse in den ersten 7 bis 8 Wochen mehrmals ihre Kinderstube, allerdings nur innerhalb eines auf 500 m begrenzten Raumes. In den letzten Augusttagen, also im Alter von 3 Monaten, folgten sie ihrer Mutter bis in das täglich aufgesuchte Hauptlager.

Junge Luchse sind verspielt wie die meisten Katzen. Wie eine Hauskatze mit einem Wollknäuel das Beutefangen übt, so benutzt das Luchsjunge Grasbüschel. Es schleudert sie von sich, um sofort hinterherzuspurten. Mit seinen Vorderpranken kann er sich an einem über ihm ragenden Ast festhalten und regelrecht schaukeln. Ein anderes Mal verpaßt der kleine Luchs einem in der Nähe weilenden Familienmitglied einen Hieb, um zu einer kurzen Verfolgungsjagd einzuladen. Dieser Spieltrieb hält fast bis zur Trennung von der Mutter an.

Jungen Luchsen, die ihre Mutter während der Führungszeit verlieren, ist der Hungertod sicher. Erst nach etwa 10 Monaten gehen sie auf die Suche nach einem eigenen Wohngebiet. Die Erkennung des Jagdgebietes erfolgt schrittweise. Das ist besonders schwierig, wenn die Aktionsräume im weiteren Umkreis schon belegt sind. So kann es durchaus passieren, daß ein Jungluchs verhungert, wenn er kein geeignetes Revier findet. Der bestandsregulierende Ausgleich innerhalb einer Population erfolgt, wie bei allen Tierarten, überwiegend über Verluste in der jungen Generation.

Ausgewachsen sind die gefleckten Katzen am Ende des zweiten Lebensjahres. Sie unterscheiden sich aber dann immer noch durch ihre Schlankheit von älteren Tieren, wodurch ihre Hochbeinigkeit unterstrichen wird. Die Geschlechtsreife erlangen weibliche Luchse mit einundzwanzig Monaten, männliche erst mit dreiunddreißig.

Der Luchs als Jäger

Der Luchs stellt seinen Speisezettel individuell zusammen – je nach Beuteangebot

Beutespektrum

Das Beutespektrum des Luchses ist breit gefächert. Es ist regional so unterschiedlich wie das Vorkommen der Beutetierarten. Auch die Jahreszeiten bringen Verschiebungen. Rehe, Rotwild, Hasen, Steinwild, Gemsen, Murmeltiere, Wildschweine, Füchse, fast sämtliche Marderarten, Eichhörnchen, Mäuse, Rauhfußhühner und andere Vögel werden vom Luchs gejagt.

Im Bayerischen Wald gibt es z.B. viel Rehe und Rotwild, daneben Hasen, Wildschweine, Baum- und Steinmarder, Iltis, Hermelin, Fuchs, Dachs, Auer- und Haselhuhn. Nicht jede Art dieser Wildpopulation erscheint aber in dem Nahrungsspektrum des Luchses, das aufgrund von 103 Beutebelegen zwischen 1974 und 1984 von Hucht-Ciorga ermittelt wurde. In der Reihenfolge ihrer Häufigkeit waren es 71 Rehe, 17 Stück Rotwild, 8 Hasen, 3 Wildschweine, 3 Füchse und 1 Waldmaus. Für künftige Einbürgerungsvorhaben in Mitteleuropa ist es interessant, daß sich unter diesen Beutetieren kein einziges Rauhfußhuhn befand. Von Mai bis Oktober stellten die Rehe mit 74 % die größte Gruppe der „Opfer", gefolgt von den Hasen mit 25 %. In den Folgemonaten sank der Rehanteil auf 53 %. Vom Speisezettel verschwunden war der Hase. Den Ausgleich bildeten mit 40 % das Rotwild und mit 7 % die Wildschweine. Diese Verschiebung läßt sich vielleicht damit erklären, daß sich Hasen im Schnee besser fortbewegen können, als das schmalhufige Schalenwild.

Der von Hell in der Tschechoslowakei anhand von 88 Magenuntersuchungen ermittelte Artenanteil ergab bei Schalenwild 64 %, bei Nagern 20 %, bei Vögeln 5 %, bei Rauhfußhühnern 4,6 %, bei Insekten 4 % und bei anderen Beutegreifern 2,4 %. Der Auerhuhnanteil ergibt sich aus einer Bestandsdichte, die wesentlich höher ist als im Bayerischen Wald. Aus der Schweizer Alpenregion liegen zwar keine Magenuntersuchungen vor, aber ausgewertete Nahrungsbelege zeigen auch dort, daß man nicht von einer Bedrohung des Auerhuhns durch den Luchs sprechen kann.

Beim Rotwild richtet der Luchs seine Angriffe in der Regel auf Kälber

Auch beim Schwarzwild hält er sich an Frischlinge

Obwohl das Beutespektrum des Luchses breit gefächert ist, jagt er in Mitteleuropa vorwiegend Rehe

Hasen standen bei den Luchsen des Bayrischen Waldes nur im Sommer auf dem Speiseplan

Nahrungsbedarf

Ähnlich wie das Nahrungsspektrum ändert sich auch der quantitative Nahrungsbedarf des Luchses mit den Jahreszeiten. Den größten Appetit entwickeln Luchse im Herbst und Winter, säugende Luchsweibchen allerdings schon im Juni. Grundsätzlich hängt der Nahrungsbedarf von der Art der Beute, dem Alter des Luchses, seinem Ernährungszustand und Körpergewicht ab. Genaue Angaben über den jährlichen Nahrungsbedarf eines freilebenden Luchses sind derzeit noch schwierig, da man auf Hochrechnungen angewiesen ist. Die in verschiedenen Regionen ermittelte durchschnittliche Nahrungsportion eines erwachsenen Luchses bewegt sich zwischen 1,0 und 1,4 kg pro Tag. Umgerechnet auf das Lebendgewicht, die Großkatze frißt ja nicht alles, ergibt das 3,6 kg Lebendgewicht. Das entspricht theoretisch 60 Rehen im Jahr. Nun frißt der Luchs aber nicht nur Rehe, sondern auch andere Lebewesen und die Rehe, die er reißt, liefern außerdem auch Nahrung für andere „Mitesser". Deshalb sind in dieser Rechnung noch einige Unbekannte versteckt. Um den Überblick auf diesem wichtigen Gebiet zu vervollständigen, seien die bisher ermittelten, jährlichen Bedarfszahlen hier aufgegliedert: Nach Hucht-Ciorga sind es im Bayerischen Wald pro Luchs 41 Rehe, 5 Rotwildkälber, 2 Wildschwein-Frischlinge, 30 Feldhasen und 20 Mäuse. In den Schweizer Alpen kommen Haller und Breitenmoser auf 60 Rehe und Gemsen und auf den Valdaj-Höhen im Nordwesten der GUS sind es 90 Schneehasen, 50 Haselhühner, 20 Auerhühner, 25 andere Arten von Vögeln und 10 Eichhörnchen.

Jagdverhalten

Die Jagdweise des Luchses schließt, da sie auf der Überraschungstaktik basiert, ein längeres Verweilen in einem eng begrenzten Bereich aus. Das bejagte Wild sammelt mit der Zeit „Luchserfahrung", reagiert wachsamer und ist damit nicht mehr so leicht zu erlegen. Um das auszugleichen, muß der Pirschgänger seinen Aktionsraum ausweiten und lernen die beim Beuteerwerb gesammelten Erfahrungen in ein situationsgerechtes Angriffsverhalten umzusetzen.

Wenn ein Reh äsend durch die Dickung zieht, sich also in Bewegung befindet, versucht die Großkatze im bergigen Gelände, die seitliche, oberhalb der angepeilten Beute liegende Hangseite einzunehmen. Die über dem belauerten Tier angestrebte Angriffsposition hat für den Luchs zwei Vorteile. Er kann dessen Bewegungen besser beobachten und ist selbst schlechter auszumachen. Die Hangneigung verstärkt außerdem die Wucht des Angriffssprungs. Das bejagte Wild flüchtet, wenn es dazu noch Gelegenheit hat, überwiegend hangaufwärts. Ist es ihm möglich, mehr als 20 Meter hinter sich zu bringen, ohne daß es der Luchs packen kann, gibt der Verfolger meistens das Rennen auf.

Dieses Verhalten ist auch statistisch belegt: Nach Haglund waren bei 159 rekonstruierbaren Angriffsversuchen 70 % innerhalb der 20 Meterzone erfolgreich. Bei Verfolgungsjagden, die über diesen Bereich hinausgingen, erreichte der Luchs das flüchtende Tier nur in 38 % aller Fälle.

Daraus läßt sich ableiten, daß die Angriffsgeschwindigkeit über größere Strecken nicht durchgehalten werden kann. Der Luchs ist aber fähig, auf kurze Entfernungen sein Tempo stark zu beschleunigen. Den Geländevorteil ausnutzend, schleicht sich die Großkatze so nah wie möglich an die Beute heran. Während dieser Phase geht sie immer wieder einmal in Lauerstellung, um im geeigneten Augenblick mit Angriffssprüngen loszuhetzen. Zu diesen setzt sie erst an, wenn im Durchschnitt nur noch 6 Meter zu überwinden sind. Die Windrichtung berücksichtigt sie bei diesen Anpirschvorgängen nicht. Ist sie für ihr Vorhaben günstig, ist das rein zufällig. Dadurch erwächst für das Wild eine weitere Chance, den Feind rechtzeitig auszumachen.

Erreicht der Luchs jedoch das überraschte Tier, versucht er es umzuwerfen und mit einem Biß in die untere Halspartie zu töten. Das gelingt meistens recht schnell durch das Zudrücken der Luftröhre. Beobachtungen über einen längeren Kampf liegen bisher nicht vor.

Eine andere Taktik wendet der pinselohrige Jäger an Wildfütterungsplätzen an. Rotwild läßt sich dort, wenn es nicht gestört wird, zur Ruhe nieder. Die Großkatze, der diese Plätze ebenfalls bestens bekannt sind, sondiert erst von einem erhöhten Standpunkt aus die Lage. Hat sie ein ruhendes und für sie günstig liegendes Tier ausgemacht, pirscht sie, jede Deckung ausnutzend, in seine Nähe, um im entsprechenden Moment loszuspurten.

Besonders gerne geht der Luchs während der Zeit des Voll- und Neumondes auf Rotwildjagd. In solchen Nächten, vor allem wenn der Schnee reflektierendes Licht noch verstärkt, ziehen sich die Hirsche mit ihrem Anhang in den Ruhepausen in die sichere Dickung zurück. Während dieser Zeit suchen mutterlose Jungtiere, die das Rudel nicht mehr in seiner unmittelbaren Nähe duldet, die Futterstelle auf. Als unerfahrene Einzelgänger bilden sie für den geflecken Jäger eine leichte Beute. Ausgewachsenes Rotwild greift der Luchs dagegen kaum an. Für die Vermutung, daß es sich bei den gerissenen Hischkälbern oft um Waisen handelt, spricht auch das bekannte Schutzverhalten der Rotwildweibchen. Diese wehren Angriffe von Beutegreifern auf ihre Jungen erfolgreich ab. Außerdem bildet Rotwild im Winter sogenannte Fütterungsrudel, in denen alle Altersklassen und Geschlechter vertreten sind. Bei dieser Konzentration von erfahrenen und aufmerksamen Tieren, ist es für den Luchs fast nicht möglich, Angriffsposition zu beziehen.

Die Untersuchungen über die Altersstruktur der gerissenen Rehe führten teilweise zu unterschiedlichen Ergebnissen. In einem Areal des Bayerischen Waldes wurde das Alter von 48 gerissenen Tieren ermittelt. Davon standen nach Hucht-Ciorga 14 im 1. Lebensjahr, 7 im 2. Lebensjahr und 27 waren 3 Jahre und älter. Die Alterszusammensetzung der gerissenen Rehe stimmt in diesem Gebiet nicht mit der Altersstruktur des Gesamtbestandes überein. Nach Andersen und Kurt befinden sich dort durchschnittlich: 40 bis 45 % der Rehe im 1. Lebensjahr (gerissen 26 %), 20 bis 30 % der Rehe im 2. Lebensjahr (gerissen 13 %), 30 bis 40 % der Rehe im 3. Lebensjahr und älter (gerissen 51%). Die Erklärung hierfür ist im Verhalten der Beutetiere zu sehen.

Der Angriff des Luchses erfolgt im Winter vielfach zwischen Fütterungsplatz und Einstand. Wenn die Rehe durch das Gelände ziehen, wird in der Regel eine bestimmte Marschordnung eingehalten. Die Vorhut übernimmt eine ältere erfahrene Rehgeiß, gefolgt von ihren 1 bis 2 Kitzen. Den nächsten Platz nimmt ein Schmaltier ein, vielleicht eine vorjährige Tochter der Anführerin. Der Letzte in der Reihenfolge ist überwiegend ein älterer Bock. Spürt die Großkatze die ziehenden Rehe auf, wird sie wahrscheinlich ihren Angriff auf die Vor- oder Nachhut richten, also auf ältere Tiere.

Die Altersstruktur der Luchsrisse an Rehen in den Schweizer Nordalpen deckt sich dagegen ungefähr mit der Gesamtpopulation dieser Paarhufer. Bei den Gemsen sind die Jungtiere überdurchschnittlich vertreten. Bei einer ähnlichen Populationsdichte von Gemsen und Rehen in zwei verschiedenen Aktionsräumen von Großkatzen kann eine mehr Rehe reißen (die ausgewachsen fast das gleiche Gewicht aufweisen wie sie selbst), während die andere sich überwiegend an die (schwereren) Gemsen hält.

In den Vogesen zählen überwiegend Rehe zur Luchsbeute, wobei die Zahl der weiblichen Stücke doppelt so hoch ist wie die der männlichen. In der Statistik der Jagdverbände ist in dieser Region das Verhältnis der Geschlechter jedoch ausgeglichen. Die Erklärung liegt in der Vergangenheit. Durch einen erhöhten Bockabschuß hatte sich das Gleichgewicht zugunsten der weiblichen Tiere unnatürlich verschoben und hier griff die Großkatze regulierend ein.

Zwischen 1960 und 1964 folgte im verschneiten Schweden Haglund über 2 300 km Luchsspuren, um unter anderem in Erfahrung zu bringen, wie oft die Großkatze bei ihrer Jagd überhaupt erfolgreich war. Das Ergebnis: Von drei angegriffenen Rehen konnte sie zwei erbeuten. Von drei Hasen erwischte sie nur einen.

In Mittelschweden führten Untersuchungen über den Jagderfolg der Großkatze zu einem besonders interessanten Ergebnis. Führende Luchse, das sind Weibchen mit Jungen, richten nur 25 % ihrer Angriffe auf Hasen. Jeden zweiten können sie in der Regel erbeuten. Größere Tiere decken den Nahrungsbedarf einer solchen Familie besser ab, deshalb der niedrige Prozentsatz. Bei Männchen galten dagegen 65 % aller Jagdversuche Meister Lampe und von 8 Langohren entkamen dabei sieben.

Der Luchs versucht bis auf ca. 6 m an das angepeilte Tier heranzukommen, ehe er mit Angriffssprüngen loshetzt

Das Wild wird durch einen Kehlbiß getötet. Die Einstiche der Fangzähne sind signifikant für Luchsrisse

Bevor die Jagd beginnt, sind Lockerungsübungen angesagt

Von einem erhöhten Platz aus läßt sich das Gelände gut sondieren

In der Regel frißt der Luchs seine Beute am Rißplatz. Nur bei Störungen versucht er sie ein Stück wegzuziehen

Verhalten am Rißplatz

Beobachtungen am Rißplatz durch Hucht-Ciorga haben ergeben, daß der Luchs ein getötetes Rotwildkalb 3 Wochen lang alle zwei bis drei Nächte aufsuchte. Er fraß in dieser Zeit die gesamte Beute bis auf den Kopf, das Fell und einige wenige, wahrscheinlich nicht so schmackhafte Teile. Pro Mahlzeit nahm er etwa 1,0 bis 2,7 kg Fleisch einschließlich einiger Knochen zu sich. Daß er sich während dieser Zeit keine Zwischenmahlzeit genehmigte ist belegt. Bei den in den Schweizer Nordalpen beobachteten Beutetieren von Luchsen lag der Nutzungsgrad bei 76,8 bis 86,8 %.

Begegnen sich Männchen und Weibchen vor allem während der Ranzzeit am Rißplatz, kann es vorkommen, daß bei einem Riß beide Großkatzen zulangen. Die nicht aufgefressene Beute wird nicht, teilweise oder ganz verscharrt. Letzteres ziehen z. B. die Luchse in den nordwestlichen Staaten der GUS vor. Sie verstecken die Reste gerissener Schneehasen fast immer, um sie für aasfressende Vögel unsichtbar zu machen. Fuchs, Dachs und Wildschwein lassen sich freilich durch solche Täuschungsmanöver nicht vom „gedeckten Tisch" abhalten. Auch Kolkraben, Krähen, Tannen- und Eichelhäher, Stein- und Baummarder sowie Bussarde finden manches „gute Häppchen" an einem Luchsriß.

Es hat geschmeckt! Ausgelegtes Fallwild läßt die Großkatze liegen. Schiebt man jedoch neben der Beute ein totes Tier nach, wird es angenommen

In Mitteleuropa, mit seinem guten Rehbestand, kommen fast keine Auerhuhnrisse vor

Luchs und Rauhfußhühner

Bei den bekannten und ausgewerteten Nahrungsbelegen des Luchses, die einen großen Teil der mitteleuropäischen Populationen betreffen, Schweizer Alpen – Schweizer und Französischer Jura – Vogesen, Bayerischer Wald, konnten insgesamt bisher nur je 1 gerissenes Auer- und Birkhuhn ermittelt werden. Der Birkhuhntatort lag in den Schweizer Nordalpen, wo das Verbreitungsgebiet dieser Vogelart bei 1200 m über dem Meeresspiegel beginnt. Der ebenfalls in der Schweiz belegte Auerhuhnverlust wurde in einer Auswertung von ca. 400 Beutebelegen erfaßt. Wo jedoch ein guter Bestand an Rauhfußhühnern vorhanden ist, können sie auch etwas häufiger auf dem Speiseplan der Großkatze stehen. In den Westkarpaten liegt dieser Anteil bei 4,6 %, in den polnischen Karpaten bei 16 % und in bestimmten Regionen Osteuropas, wo die Schalenwilddichte äußerst gering ist, bei 20 %. Hier spiegelt sich die unterschiedliche Zusammensetzung der Wildtierarten in den einzelnen Gebieten wieder. In Mitteleuropa, mit seinen meist inselartigen Vorkommen von Auer-, Birk- und Haselhuhn und seinem hohen Bestand an Rehen werden die Populationen der seltenen Rauhfußhühner durch den Luchs nicht gefährdet.

Auslesewirkung auf Beutetierbestand

Der Luchs nimmt bei der Auslese seiner Beutetiere – gesund, krank, reaktionsschnell, langsam – nicht im ganzen Umfang die Rolle ein, die ihm in Publikationen zugeschrieben wird. Auf mutterlose Rotwildkälber und auf unnatürliche, durch den Menschen verursachte Verschiebungen der Geschlechtsverhältnisse bei Rehen trifft dies zwar zu, auf Rehe, die er aus den Sprüngen herausholt, meistens nicht. Untersuchungen von Nellis untermauern die These, daß die großen Beutegreifer, im speziellen Fall der Luchs, keinen oder nur einen geringen Einfluß auf die Bestandsentwicklung der Beutetiere haben.

Die Großkatze durchstreift weiträumige Gebiete. Ihre Siedlungsdichte hält sich von Natur aus auf einem niedrigen Niveau. Die Bestände ihrer Beutetiere – Rehe, Hirsche, Gemsen, Hasen – sind in der Regel keinen kurzfristigen Bestandsschwankungen ausgesetzt. Sie sind in einer fast konstanten, relativ hohen Zahl über den großen Aktionsraum des hochbeinigen Jägers verteilt. Das heißt, Ausfälle durch den Luchs machen sich bei einer etablierten Population kaum bemerkbar. Auf eine Reduzierung des forstschädigenden und überhöhten Schalenwildbestandes der zu hoffen, wäre aufgrund der bereits beschriebenen Lebensweise des Luchses also eine Fehlspekulation. Ebenso irrig ist die Annahme, er könnte mit seinem Nahrungsanteil einen Ausgleich für nicht erfüllte Abschußpläne bringen. Seinen Beitrag für das in Unordnung gebrachte Gleichgewicht im Haushalt der Natur leistet der Luchs auf eine andere Art.

Wo günstige Äsungsflächen und klimatische Bedingungen die Bildung größerer Rotwildrudel erlauben oder wo sich Schalenwild verhaltensbedingt zusammenfindet, hat das in der Regel eine Konzentration der Verbißschäden zur Folge.

Es ist beobachtet worden, daß die Großkatze solche Ansammlungen auf die Dauer sprengt und daß die Tiere dadurch gezwungen sind, sich bei ihrer Äsung auf größere Flächen zu verteilen. Das heißt, die Stückzahlen des Wildes in den einzelnen Nahrungsarealen verringern sich. Das führt insgesamt zu einer niedrigeren Verbißbelastung.

Nun haben sich in einigen Gebieten trotz der Wiederansiedlung des Luchses die Schalenwilddichten erhöht. Zwar heißt das nicht, daß diese Zunahme des Schalenwildes durch die Luchswiederansiedelung bedingt ist, aber diese Entwicklung sollte trotzdem nicht verschwiegen werden. Eine solche Entwicklung war z. B. in der Schweiz, in der Tschechoslowakei und in Schweden zu beobachten. In der Schweiz gingen die auf der Bestandsdichte aufbauenden Abschußzahlen beim Reh etwas zurück, sie liegen aber immer noch höher als vor der Luchseinbürgerung. In den Luchsrevieren der Tschechoslowakei verlief die Entwicklung besonders verblüffend: So haben nach Hell die in diesen Gebieten lebenden Wildarten seit 1925 folgende Vermehrungsraten aufzuweisen: Muffelwild um das 32fache, Schwarzwild um das 12,7fache, Rotwild um das 10fache, Damwild um das 6,8fache, Rehwild, überwiegend in den Feldfluren, um das 2,9fache. All diese Bestandszunahmen haben sich trotz intensiver jagdlicher Nutzung vollzogen, und obwohl nicht nur der Luchs, sondern auch der Wolf und der Bär hier mit einer guten Populationsdichte vertreten sind.

Mit der Ausbreitung des Luchses in Schweden schnellten die Rehzahlen ebenfalls kräftig nach oben. So mußte infolge dieser Entwicklung in Schonen der Abschußplan für das Schalenwild ausgesetzt werden. Mit dieser Maßnahme war die Hoffnung verbunden, daß die Jäger vermehrt zu ihrer Flinte greifen würden.

Dabei ging es den schwedischen Rehen weitaus schlechter als ihren mitteleuropäischen Artgenossen. In diesem skandinavischen Land gibt es fast keine Winterfütterungen und die Jagd mit Hund und Gewehr ist verbreiteter als bei uns.

Zur Beute des Luchses gehören aber auch Füchse, einige Marderarten, wildernde Hunde und Katzen. Da diese Tiere auch einmal ein Reh, Rehkitz, Rauhfußhuhn oder anderes Niederwild reißen, wird hier ein gewisser Ausgleich in der von Menschen so gerne herangezogenen (aber oft fragwürdigen) Schaden-Nutzen-Bilanz hergestellt.

Die Schweizer Luchspopulation umfaßt nach Schätzungen 50 bis 100 der gefleckten Großkatzen. Diese reißen pro Jahr 2 500 bis 6 000 rehgroße Tiere. In dem Alpenland leben zur Zeit 100 000 Gemsen und 150 000 Rehe. Bei dieser Gegenüberstellung wird deutlich, daß die Rißzahlen des Luchses für den Gesamtbestand der Beutetiere bedeutungslos sind.

Zusammenfassend läßt sich feststellen, daß die Zunahme der Haustierrisse durch die Großkatze ihre Ursache im einmaligen Vordringen der Luchspopulation in neue Gebiete hat. Nach einer gewissen Eingewöhnungsphase, vergrößern sich, wie bereits beschrieben, in den wiederbesiedelten Arealen die einzelnen Aktionsräume der Großkatze und die Verluste stabilisieren sich auf einem niedrigen Niveau. Die nebenstehende Tabelle (veröffentlicht durch den Schweizer Infodienst Waldbiologie und Ökologie im September 1990) gibt einen Überblick über den Gesamtbestand der Rehe und Gemsen in der Schweiz und die Ausfälle durch Luchsrisse bezogen auf das Jahr 1989.

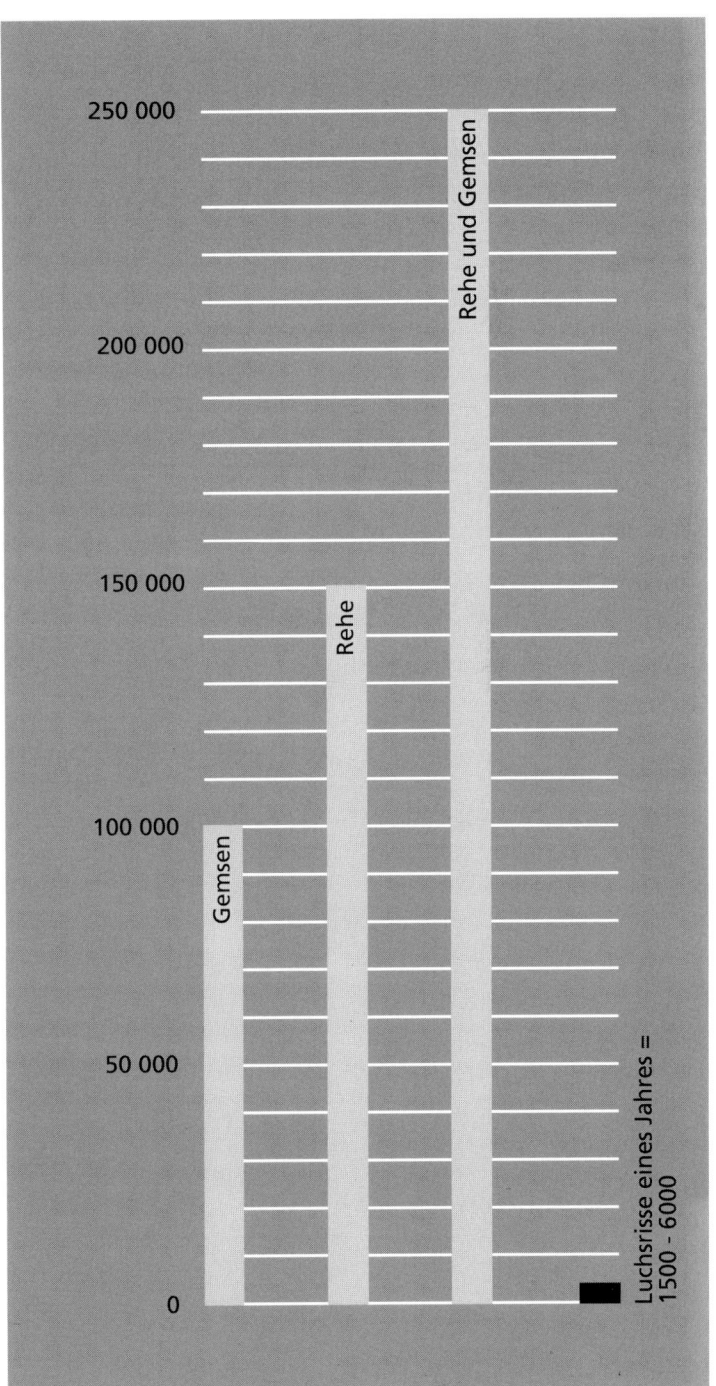

Von der Gefährdung zur Ausrottung

Ursprüngliche Verbreitung

Über das Vorkommen des Luchses in den Jahrhunderten vor seiner Ausrottung sind keine Unterlagen vorhanden, die seine Bestandsdichte großräumig und lückenlos belegen. Es gibt aber viele Einzelangaben, die sich auf erlegte Tiere in einem jeweils mehr oder weniger eng begrenzten Raum beziehen. Fügt man diese Bruchstücke zusammen, ergibt das ein gutes Bild des früheren Verbreitungsgebietes und der Bestandsentwicklung.

Das Vorkommen des Nordluchses erstreckte sich um 1200 fast über den gesamten europäischen Kontinent. Ausgenommen waren Island, die Britischen Inseln, ein schmaler Küstenstreifen vom französischen Calais bis Lübeck, Dänemark, das nördliche Skandinavien, die Mittelmeerinseln und die iberische Halbinsel, die vom Pardelluchs besetzt war. Schriftliche Überlieferungen lassen den Schluß zu, daß die anderen beiden großen Beutegreifer Europas, Bär und Wolf, im größten Teil dieses Verbreitungsgebietes häufiger waren als der Luchs. Eine Ausnahme bildet lediglich das Hochgebirge. Hier lagen die Verhältnisse genau umgekehrt. Von 1518 bis 1690, in 172 Jahren also, wurden in der Region Vorarlberg 40 Bären und 48 Wölfe, jedoch 251 Luchse erlegt.

Der Ausrottungsprozeß

Schon zwischen dem 13. und 16. Jahrhundert begann die systematische Ausrottung des Luchses. Die Nachstellungsmethoden waren zwar einfach, aber erfolgreich. Dazu gehörten Fallgruben, Auslegen von vergifteten Ködern und die Hetzjagd. Bei der Hetzjagd spürte man zunächst den Luchs auf, dann wurde er von einer größeren Anzahl Menschen weiträumig umstellt. Mitgeführte Hunde sprengten die gefleckte Katze aus ihrem Versteck und hinderten sie an der Flucht, so daß sie von den nachrückenden Treibern erschlagen werden konnte.

Als im Laufe des 17. Jahrhunderts durch die Weiterentwicklung der Feuerwaffen deren Jagdtauglichkeit zunahm, änderte sich allmählich die Art der Nachstellung. Die Hetz- oder Fangjagden gingen zurück, dagegen nahm die Jagd mit Pulver und Blei zu und mit ihr auch die Zahl der erlegten Luchse. Die Wirren des Dreißigjährigen Krieges und die damit verbundene, weitgehende Entvölkerung, brachte für Luchs und Wolf zwar eine Phase deutlich verringerter Nachstellungen – sie konnten ihre alten Areale zurückerobern und teilweise sogar vergrößern – aber nach Beendigung der Gefechte kam es zu verstärkten Verfolgungen, die uns durch hohe Abschußzahlen überliefert sind. Die Gemeinden mußten sogenannte Wolfsschützen zur Verfügung stellen, wobei Wolf und Luchs gleichgesetzt wurde. In Württemberg nahm man 1655 auch die Forstknechte in die Pflicht. Sie mußten pro Jahr und Mann 2 Wölfe oder Luchse abliefern. Die Tiere, die während den Gemeinschaftsjagden zur Strecke gebracht wurden, zählten dabei nicht mit. Im damaligen Vorderösterreich erlaubte 1655 die Obrigkeit ihren „Untertanen" ausdrücklich „schädliche und wilde Thiere" zu fangen. Damit war natürlich auch der Luchs gemeint. Nur den Balg mußten die erfolgreichen Jäger abliefern. Dafür bekamen sie als Belohnung 1 Florentiner und 3 Bazen. Allein in Württemberg wurden von 1648 bis 1663 – der Schwarzwald ausgenommen – 209 Luchse erlegt. Die wachsende Kenntnis der Lebensweise des Luchses brachte den Menschen größere Jagderfolge. Der Luchs benutzt oft die

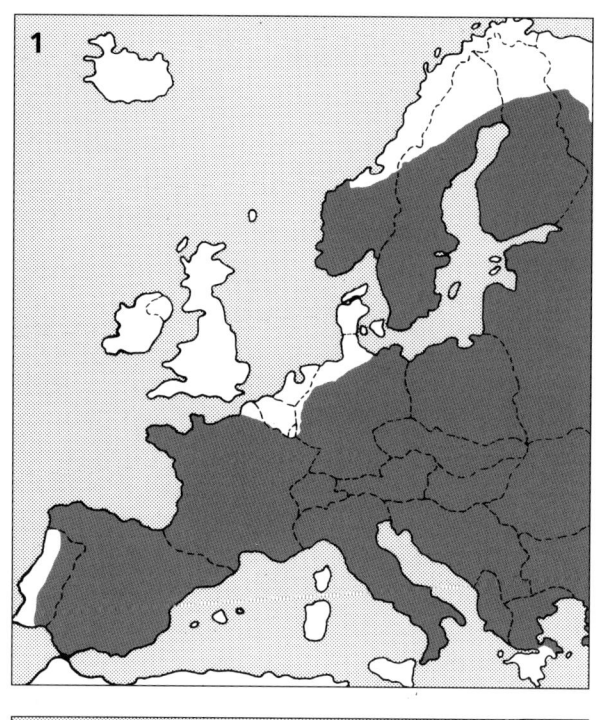

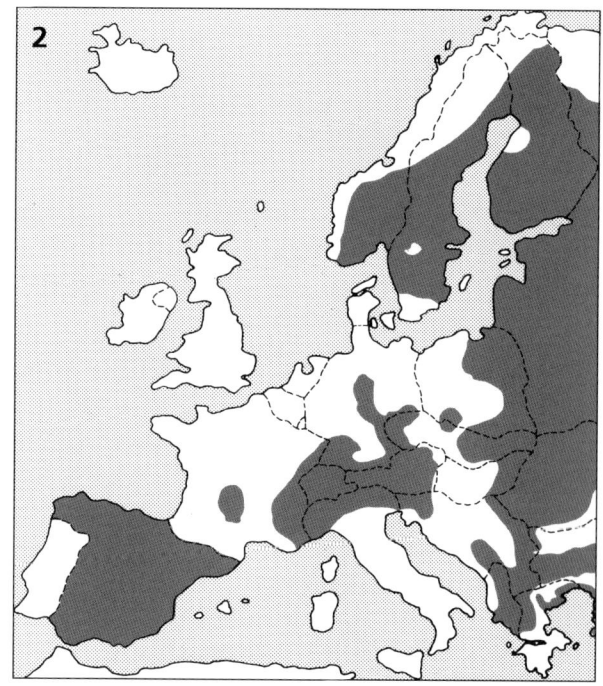

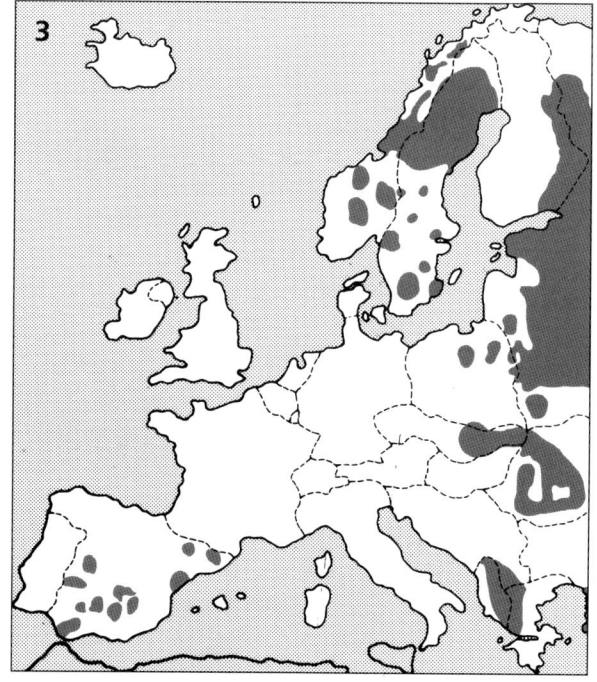

1
Ausbreitungsgebiet
des Luchses vor dem
Beginn der Aus-
rottung

3
Ausbreitungsgebiet
um 1960
(Abb. 1,2,3 nach
Kratochvil)

2
Ausbreitungsgebiet
um 1800

4
Ausbreitungsgebiet
um 1978
(Abb. 4 nach
Luchsgruppe 78)

Dem Bär wurden nicht nur gelegentlich Haustierrisse angelastet, sondern auch seine Vorliebe für halbreifen Hafer und Mais

gleichen Wechsel, die im Winter gut auszumachen sind. Seine Ranzrufe geben Hinweise auf das Paarungsareal und in der kalten Jahreszeit weicht er hohen Schneelagen regelmäßig in Richtung Tal aus. Das engt seinen Aktionsraum ein und erleichtert die Nachstellung. Bei der Auswertung von ca. 60 Erlegungsdaten zeigte sich, daß in 21 % der Fälle mehrere Luchse am gleichen Ort und zur gleichen Zeit erschossen wurden. Hier ist die Wahrscheinlichkeit sehr groß, daß es sich um eine Fähe mit ihren Jungen oder um eine Luchsin und ihren Ranzpartner gehandelt hat. 29 % der Jagderfolge entfielen auf die Wintermonate Dezember/Januar (leichteres Aufspüren des Wechsels) und 33 % auf die Ranzzeit im Februar/März.

Auch in der Schweiz wurde den Bürgern im Laufe des 17. Jahrhunderts die uneingeschränkte Jagd auf Luchse von der Obrigkeit aus drücklich erlaubt, wohingegen sie dem Hochwild nicht nachstellen durften. Außerdem galt der Luchs natürlich auch in der Schweiz als schädliches Tier, das man mit allen Mitteln bekämpfen mußte. Die besonders bei den Eidgenossen verbreitete Waldweide und die Angst vor Verlusten der sich hier aufhaltenden Haustiere war ein wesentlicher Grund für die rücksichtslose Verfolgung der Großkatze. Mit Schußgeldern wurden diese Nachstellungen angeheizt.

Doch es war auch die Angst vor den Beutegreifern, die die Menschen zu ungewöhnlichen Schutzmaßnahmen veranlaßte. Die Bewohner der Gemeinde Tschelin im Unterengadin rodeten den in der Umgebung wachsenden Wald, um Bären, Wölfen und Luchsen den Besuch der Siedlung zu erschweren. In Ursental erreichte man nach Kathofer den gleichen Effekt mit Hilfe der Brandrodung. Um 1800 hatte sich der Siedlungsraum der Großkatzen halbiert. Ab dem Ende des 18. Jahrhunderts wurde die Ausrottung des Luchses aus immer mehr Gebieten gemeldet: 1796 aus dem Thüringer Wald, 1818 aus dem Harz, 1846 aus Württemberg – hier erwischte man den letzten Luchs in der Nähe der Burgruine Reußenstein auf der Schwäbischen Alb – 1872 aus Tirol und 1892 aus der Steiermark. Kurz nach 1900 verschwand der letzte Luchs aus den Meeralpen, Grajischen, Cottischen und Penninischen Alpen. Auf den nebenstehenden Karten ist die gesamte Bestandsentwicklung übersichtlich dargestellt.

Von den 3 großen Beutegreifern konnten sich die Wölfe am längsten der Verfolgung entziehen

Regionale Bestandsentwicklungen

Alpen

Die Ausrottung des Luchses nahm in den Ostalpen einen leicht anderen Verlauf als in den Westalpen. Während in den Ostalpen der Großteil der Population in einem verhältnismäßig kurzen Zeitabschnitt verschwand, konnte sich der Luchs im westlichen Gebirgsteil etwas länger halten. Seine Ausrottung verlief gestaffelt, das heißt, das Erlöschen der Populationen erfolgte in einzelnen Regionen zu unterschiedlichen Zeiten. Während in der ersten Periode des 19. Jahrhunderts die südlichen Berge der Alpenrandzone und der nördliche Teil des Schweizer Gebirges nicht mehr vollständig zu den Luchsrevieren gehörten, war die Verbreitung des gefleckten Jägers in den Alpen Österreichs noch nicht wesentlich eingeschränkt. Das änderte sich jedoch innerhalb weniger Jahrzehnte. Das geschlossene Luchsvorkommen in den Ostalpen löste sich auf. Übrig blieb eine über ein großes Areal zerstückelte und verteilte Luchspopulation, die sich bis 1870 halten konnte. In den östlichen Alpenrandgebieten, in den Vorbergen Sloweniens, fand man dagegen noch bis in das 20. Jahrhundert hinein frische Luchsfährten.

Der schnellere Rückgang der Luchspopulation in den Ostalpen war dadurch bedingt, daß dieser Gebirgsteil sich relativ leicht erschließen ließ. Durch ein gut zugängliches Talnetz kam es schneller zu einer größeren Besiedlungsdichte bis in extreme Hochlagen. Das engte den Lebensraum der bewegungsfreudigen Großkatze zwischen der Waldgrenze und den Dörfern wesentlich ein und erleichterte gleichzeitig ihre Bejagung. Nach der Vernichtung der letzten Luchse in den Ostalpen blieben ihnen als Lebensraum zunächst noch die Westalpen bis hin zum französischen Jura und dem Zentralmassiv. Ab 1870 verlagerte sich die Grenze ihres vorgeschobenen westlichen Vorkommens in die Meeralpen und die Dauphine'. Trotz der höheren Massenerhebungen der Westalpen, die in ihrer Ausdehnung die der Ostalpen noch übertreffen und der sich weiter hinaufziehenden Waldgrenze, liegt zum Beispiel im Wallis die Mehrzahl der Dörfer unter 1400 Meter ü. d. M., der darüberliegende breite, fast menschenleere Gürtel verschaffte dem Luchs die erforderlichen Reviergrößen.

Noch größer war der Aktionsraum der Großkatze in der schroffen italienisch/französischen Alpenregion, wo schwer zugängliche Täler den Bau von Siedlungen nur in weit tieferen Lagen ermöglichten. Hier erreicht die Schneedecke in den Talarealen auch nicht die Mächtigkeit der Schneefelder in der Alpenrandzone. Das wirkte sich ebenfalls positiv auf den Bewegungsspielraum und damit auf die Lebensbedingungen des Luchses aus.

In den Schweizer Südalpen wurde der Luchs 1561 in Bormio zum ersten Mal im Jagdrecht erwähnt. Dort fanden seine Felle soviele Liebhaber, daß nur derjenige das Schußgeld erhielt, der die begehrte Trophäe nicht an Einwohner anderer Gemeinden veräußerte. Doch nicht nur das Fell war begehrt, sondern auch das Fleisch - als Bereicherung des Speisezettels, wohlgemerkt des menschlichen. 300 Jahre später war hier der Luchs ausgerottet.

Zusammengefaßt läßt sich die Entwicklung des Schweizer Luchsvorkommens wie folgt darstellen: Noch bis 1700 erstreckt es sich über das ganze Land. 1850 ist der Bestand bereits in den meisten Gebieten, und kurz nach der Jahrhundertwende in allen erloschen.

1770 wurde der letzte Schwarzwald- luchs in der Nähe von Kaltenbronn erlegt. Die Landschaft im Umfeld des Tatortes.

Juraregion

Im 16. und 17. Jahrhundert bevölkerte der Luchs noch den gesamten Juraraum. Der erste schriftliche Hinweis nimmt Bezug auf ein im Kanton Schaffhausen am 22.12.1607 erlegtes Tier. In der Zeit während und nach dem Dreißigjährigen Krieg kam es im benachbarten Deutschland zu einer Bevölkerungsausdünnung in deren Folge der Luchsbestand wieder zunahm. Diese verstärkte Population strahlte unter anderem auch bis in die Juraregion aus, was uns durch die steigende Zahl der Erlegungsprämien überliefert ist. Im Zuge der beginnenden Industrialisierung im 17. Jahrhundert erhöhte sich die Bevölkerungsdichte des Schweizer Jura: immer mehr Menschen erlegten immer mehr Luchse. Im Jahr 1800 gab es keinen Juraluchs mehr, obwohl nach wie vor geeignete Waldflächen vorhanden waren. Die anderen großen Beutegreifer konnten dem Jagddruck eine Zeitlang besser ausweichen. Bis weit in das 19. Jahrhundert hinein hielten sich hier z. B. die Wölfe. Im französischen Juragebiet überlebte zwar auch der Luchs bis in das 19. Jahrhundert, aber aufgrund der vereinzelten, zeitlich weit auseinanderliegenden Abschüsse (1819, 1823, 1834, 1850, 1885) ist davon auszugehen, daß es sich hier um Zuwanderer aus der westlichen Alpenregion handelt.

Insgesamt läßt sich für den Jura feststellen, daß durch das Fehlen weiträumiger Ausweichareale die Rückzugsgebiete des Luchses schon bald begrenzt waren. Außerdem wurde die notwendige Vernetzung und damit auch der Austausch mit Luchspopulationen anderer Areale unterbrochen. Das lag auch daran, daß die angrenzenden Bestände der Großkatze ebenfalls geschwächt waren.

Schwarzwald

Am Beginn des 16. Jahrhunderts war der Luchs in dem 160 km langen und maximal 60 km breiten Schwarzwald ein verhältnismäßig häufiges Standwild. Große zusammenhängende Buchen- und vereinzelt auch Tannenwälder bedeckten das bis 1493 m hohe Mittelgebirge. Auf die ehemalige Luchspopulation weisen noch heute einige Flurnamen und topographische Bezeichnungen hin, wie z. B. Luchsbrunnen bei Wildbad, Luxberg bei Badenweiler oder Luchsenfelsen im St. Wilhelmer Tal und am Hochfirst bei Titisee-Neustadt. Die ältesten Aufzeichnungen über den Luchs, sind in der von Abt Kaspar, in St. Blasien von 1480 bis 1551, verfaßten Chronik zu finden. Schon 1530 gehörte der gefleckte Jäger auch hier zu den Tieren, die die einfache Bevölkerung jagen durfte. Deshalb führte auch im Schwarzwald der durch den Dreißigjährigen Krieg bedingte Bevölkerungsrückgang vorübergehend zu steigenden Luchsbeständen. In der Zeit von 1648 (Ende des Krieges) bis 1673 fielen im württembergischen Schwarzwaldareal 20 Luchse der Bejagung zum Opfer. 1718 kamen auf 21 bis 23 getötete Wölfe nur noch 3 bis 5 erlegte Luchse. 1770 wird hier der letzte seiner Art bei Kaltenbronn im Nordschwarzwald erlegt.

Württemberg (ohne Schwarzwaldareal)

In Württemberg war der Luchs ursprünglich weit verbreitet: Für den Zeitraum 1558 bis 1846 fanden sich 785 Hinweise auf die Großkatze. Die frühzeitig einsetzende Verfolgung führte jedoch schon im Laufe des 16. Jahrhunderts zu einer Ausdünnung der württembergischen Luchspopulation. Wie in den meisten Teilen Deutschlands stieg die Bestandsdichte während des Dreißigjährigen Krieges um nach Beendigung der blutigen Auseinandersetzungen durch eine verstärkte Bejagung drastisch abzusinken. Ein genaues Bild vermitteln die Aufzeichnungen über die bei der Jagd getöteten Tiere. So wurden vor Kriegsausbruch 1618 pro Jahr 10 der Großkatzen zur Strecke gebracht. Erst 24 Jahre später, im Jahr 1642 gab es wieder dokumentierte Luchsverluste durch Bejagung. Bis 1647 waren es insgesamt nur 4 Tiere, aber in der folgenden Nachkriegszeit (1647 bis 1663) 209! Für diese letzten 14 Jahre ergibt das eine durchschnittliche Erlegungsquote von 15 Luchsen pro Jahr. Der württembergische Hof veranstaltete in dieser Zeit große Gesellschaftsjagden, die auch dem Luchs galten. Sie konnten nicht ohne Auswirkungen auf seine Bestandsentwicklung bleiben. 1719 wurden noch 43 Luchse in württembergischen Landen vermutet. Im darauffolgenden Jahrhundert war das Zeitalter der Großkatze hier endgültig vorbei: 1846 wurde auf der Schwäbischen Alb bei der Burgruine Reußenstein der letzte Luchs erlegt.

Die Aufnahme zeigt
die Burg Reußenstein
auf der Schwäbischen
Alb. Hier wurde 1846
der letzte Luchs
getötet.

Der Luchs kehrt zurück

Wiedereinbürgerungen auf dem Prüfstand

Der Luchs war im mittelalterlichen Europa ein Teil des Ökosystems. Seine Aussetzung in geeigneten Arealen des alten Lebensraumes ist also als „Wieder"-Einbürgerung zu verstehen. Die Schweiz hat sich hierbei als Pionierland verdient gemacht. Wer diese schöne Großkatze wieder in ihren alten und angestammten Aktionsräumen heimisch machen möchte kann auf eidgenössische Erfahrungen zurückgreifen.

Erste Wiederansiedlungen in der Schweiz

In der Schweiz erfolgte die Unterschutzstellung des Luchses (und des Bären) durch ein Bundesgesetz. Am 18.8.1967 erhielt das Bundesamt für Forstwesen vom Bundesrat die Ermächtigung, bis zu zwei gesunde und zuchtfähige Luchspaare in einem Jagdbannbezirk auszusetzen. Die „Neubürger" sollten Wildfänge sein, die sich mit der Jagd bereits auskannten. Der Förster L. Lienert in Obwalden wollte schließlich das Experiment wagen. Er erwirkte eine Bewilligung der zuständigen Kantonsregierung. Am 11.12.1971 reisten mit einem normalen Linienflugzeug die ersten beiden Luchse aus dem Zoologischen Garten von Ostrava an. Nach einer mehrwöchigen Quarantänezeit und den vorgeschriebenen Impfungen wurden sie am 23.4.1971 in dem Banngebiet Huetstock im Melchtal in die Freiheit entlassen. Am 16. 6.1972 folgten die nächsten Tiere. Ihr Aussetzungsgebiet lag im Chlischlierental oberhalb von Alpnach. Dann ging es Schlag auf Schlag. Zwei illegal ausgesetzte Paare fanden ihre neue Heimat an der Südseite des Pilatus. Weitere Einbürgerungsareale wurden Regionen um Creux-du-Van/Kanton Neuenburg (1974) und Gran Muveran in den Waadtländer Alpen (1976). Im Kanton Neuenburg setzte man ein Pärchen aus, in Gran Muveran mangels Weibchen zwei Kuder.

Wie erfolgreich die Wiedereinbürgerung der Großkatze verlaufen kann, wenn für die Erstansiedlung strukturell geeignete Gebiete zur Verfügung stehen, zeigt die folgende Entwicklung. In dem mit zusammenhängenden Wäldern bedeckten, dünn bevölkerten und von Touristen weitgehend verschonten Pilatustal genügten 6 Luchse, um die Population einer ganzen Region zu begründen. Diese umfaßt die gesamte Bergkette zwischen Luzern und Thun, Brünig und dem nördlichen Alpenrand. Dagegen fand ein in Engadin freigelassenes Paar nicht die zusagenden Bedingungen und so blieben Beobachtungen des gefleckten Jägers vorerst aus. Vielleicht verhinderte hier auch die geringere Aussetzungsquote den gewünschten Erfolg.

Die Wiederansiedlung des Luchses von punktuellen Orten aus, ist aufgrund seiner natürlichen Verhaltensweise in der Regel kein Problem. Weitläufige Wanderungen verbunden mit einem großen Raumbedarf sorgen für seine schnelle Ausbreitung. Verkehrsmäßig gut erschlossene und dicht besiedelte Täler bilden eine hemmende, wenn auch nicht unüberwindliche Barriere. Aus diesem Grund verlief die Bestandsausweitung in der Innerschweiz nach Westen hin schneller als nach Osten hin. So hat der Luchs die Freiburger Alpen und das Simmental eher besiedelt als den Kanton Uri. Schon 4 Jahre nach ihrer ersten Aussetzung war die Großkatze im westlichen Teil des Berner Oberlandes heimisch. Von dort aus besetzte sie die Waadtländer Alpen bis zum Genfer See sowie das Unterwallis, wo sie mit der gleichfalls expandierenden Luchspopulation der Berner Oberhusli Region zusammentraf. Insgesamt breitete sich die neue Schweizer Luchspopulation von 1971 bis 1979 über eine Fläche von 4 500 km² großes Gebiet aus. Im Kanton Wallis besetzte sie ihre früheren

Das Gebiet um den Jagdbannbezirk Huetstock. Hier setzte 1971 Oberförster Lienert die ersten Schweizer Luchse aus.

Aktionsräume ab der zweiten Hälfte der sechziger Jahre. 1980 lagen die ersten Beobachtungen aus dem Kanton Uri vor. Ab 1983 gehörte der Luchs zu den Wildtieren des Vorderrheintales und des südlichen Walenseeareales. Weitere Kantone, die ständige Luchsbeobachtungen meldeten, waren Jura, Berner Jura, Solothurn, Basel Land und Aargau. Nach 20 Jahren waren in den Schweizer Nord- und Zentralalpen insgesamt 10 000 und im Jura 5 000 km² wiederbesiedelt.

Von Wallis aus war es dann nur ein kleiner Sprung nach Frankreich. So gibt es regelmäßige Meldungen aus dem südlich des Genfer Sees liegenden Bezirks Haute-Savoit. Die französischen Bergketten mit ihren großen Waldgebieten wurden von dem Waadtländer Jura aus bis in das Rhonethal besiedelt.

Das Schweizer Modell und seine internationale Karriere

Die Schweiz ist jedoch nicht das einzige Land, welches Einbürgerungsversuche unternommen hat. 1970 und 1972 erlangten einige Luchse im Bayerischen Wald die Freiheit. Daß diese Population 1978 bereits wieder weitgehend erloschen war, ist hauptsächlich die Folge von illegalen Abschüssen. Ein Beispiel: 1972 wurde durch den freilaufenden Hund eines Försters ein Luchs gestellt. Dieser „reichte natürlich nicht sein Pfötchen zur Begrüßung", sondern ging in Abwehrstellung. Der „Waidmann" fühlte sich bedroht und schoß.

In einem anderen Fall fand man von einem heimlich erlegten Luchs nur die verwaisten Jungen. Diese Begebenheiten machen deutlich, wieviel Überzeugungsarbeit hier noch geleistet werden muß, um dem Luchs seine neuen (alten) Lebensräume zu sichern. Trotzdem wird in diesem Mittelgebirgsteil die Besiedlung durch Einwanderungen aus dem Böhmerwald zwangsläufig ihre Fortsetzung finden, denn dort erfolgten 1982 ebenfalls erste Wiederansiedlungsversuche. Heute wird die Population im Böhmerwald auf 35 Tiere geschätzt, wobei nochmals darauf hingewiesen werden muß, daß solche angenommenen Zahlen einen Streuungsbereich haben, den eine Bank bei Geldgeschäften nicht akzeptieren würde. Angestrebt werden für dieses größte zusammenhängende Waldgebiet Mitteleuropas insgesamt 70 bis 90 Tiere. Davon sollen nach den Zukunftsprognosen 10 bis 20 Luchse im deutschen Teil des Grenzgebirges, im Bayerischen Wald, ihre Aktionsräume beziehen und 10 bis 20 in den angrenzenden österreichischen Forstarealen. Ob diese Zahlen realistisch sind, bleibt abzuwarten. Fest steht auf alle Fälle, daß nach dem Abbau des Grenzzaunes ein reger Austausch nicht zu verhindern ist, es sei denn durch eine Fortsetzung der illegalen Abschüsse. Schon bei diesem „grenzüberschreitendem Luchsverkehr" wird recht deutlich, daß es in Zukunft ohne eine internationale Zusammenarbeit bei solchen Projekten nicht mehr geht.

In der Tschechoslowakei konnte der Luchs in den Karpaten überleben. Vor dem Ausbruch des 2. Weltkrieges hatte die Bestandskurve der 3 großen Beutegreifer hier ihr niedrigstes Niveau erreicht. Nach Angaben von Hell liegen die Schätzungen für das Jahr 1930 in diesen Bergen bei 30 bis 50 Luchsen, 20 bis 35 Braunbären und 10 bis 12 Wölfen. Nachdem die Jagd auf Bären schon ab 1932 wesentlichen Einschränkungen unterlag, erfolgte die völlige Unterschutzstellung des Luchses 1935. Nur kurze Zeit später, im Jahr 1936 wurde die ganzjährige Schonzeit wesentlich verkürzt und zwar auf die Zeit vom 1. März bis 31. Juli eines jeden Jahres. Diese Regelung hatte bis 1955 Gültigkeit, danach durfte wieder während der ganzen 12 Monate auf die Großkatze geschossen werden. Der Dritte im Bund, der Wolf, war nach wie vor über das ganz Jahr vogelfrei.

Der Luchsbestand konnte sich trotz des nur dreimonatigen Nachstellungsverbotes langsam erholen, mit einer steigenden Tendenz in den Nachkriegsjahren. Er besiedelte in dieser Zeit nicht nur seine ehemaligen Karpatenareale, sondern einzelne Tiere erreichten sogar den Nordosten von Mähren, Böhmen, das Gebiet der ehemaligen DDR, Österreichs und Ungarns. In Mähren sorgte die Jagd jedoch ziemlich schnell wieder für sein umgehendes Verschwinden. 1955 umfaßten die von dem Luchs bewohnten Waldgebiete 13 700 Quadratkilometer. Von 1955 bis 1971 belief sich hier die Jagdstrecke auf 1 127 erlegte Großkatzen, mit einer Jahresquote von teilweise über 100 Tieren.

Der Jagddruck blieb nicht ohne Folgen. Die Zahl der gefleckten Jäger ging zurück. Deshalb griff ab 1975 wieder eine Schonzeitregelung und zwar jeweils vom 1. März bis 15. September. Aufgrund dieser Maßnahme ging es mit der Luchspopulation danach wieder bergauf. So leben in den Westkarpaten gegenwärtig wahrscheinlich mehr Luchse, als in den letzten 150 bis 200 Jahren. Das trifft übrigens auch auf die beiden anderen großen Beutegreifer zu. Sogar im Altvatergebirge haben sich inzwischen Luchse etabliert. Diese Gesamtentwicklung spiegelt sich wie immer auch in den Abschußzahlen. So fielen der legalen Nachstellung 1989 in der Slowakei 99 Luchse, 56 Bären und 112 Wölfe zum Opfer. Der Gesamtbestand soll nach vorsichtigen Schätzungen, die noch nicht einmal zwei

Heutige Luchs-
vorkommen:
Während sich in
Schweden, den
Staaten der GUS
und in den Karpaten
Luchse halten
konnten, wurden
sie in den übrigen
Gebieten wieder-
angesiedelt

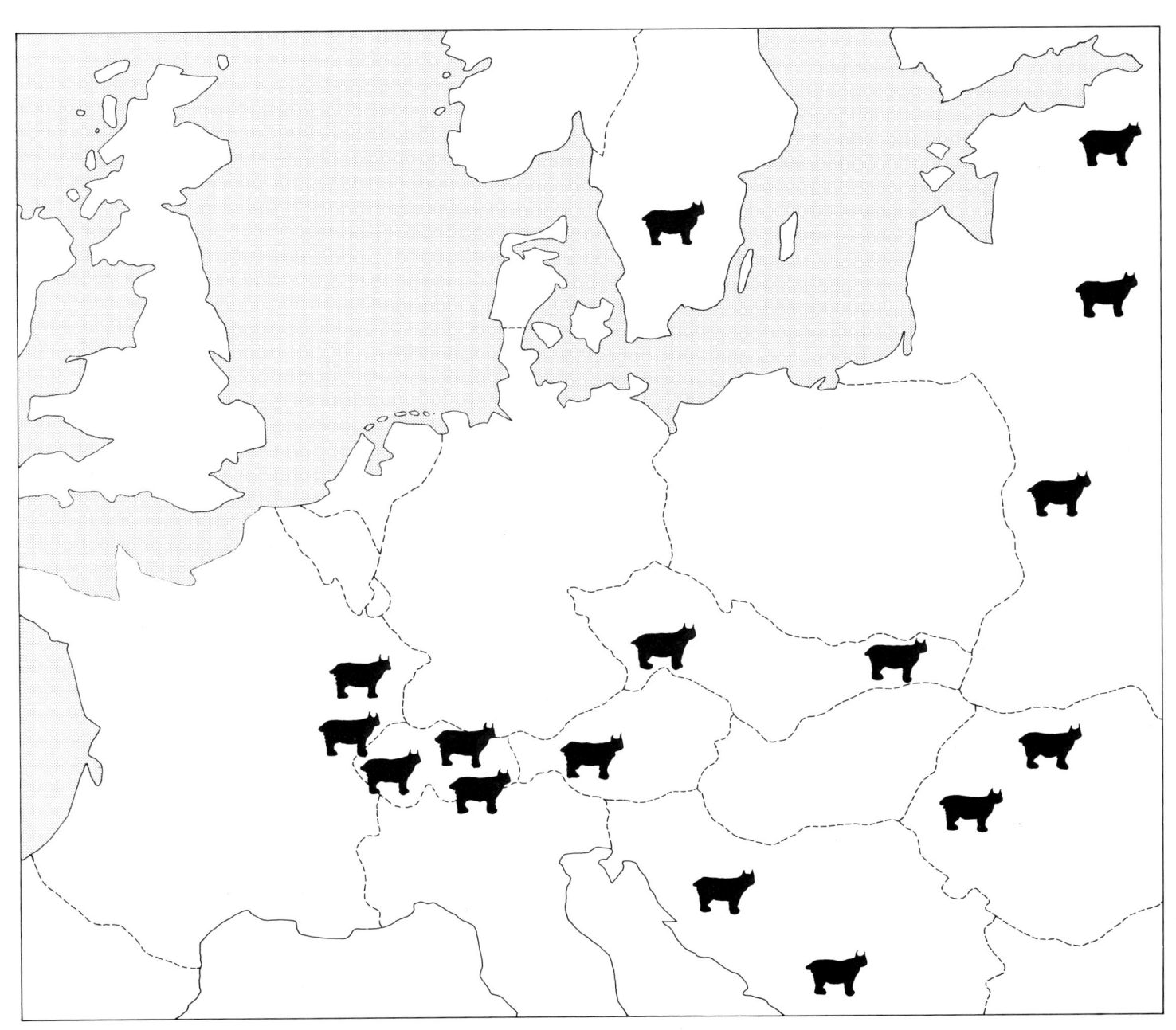

53

Drittel der offiziellen Jagdstatistik ausmachen, in dieser Region 400 bis 500 Luchse, 500 bis 600 Braunbären und 300 bis 400 Wölfe umfassen. Zum besseren Schutz des Luchses ist eine Verkürzung der Abschußzeiten im Gespräch: Er soll nur noch vom 1. Januar bis 31. März bejagt werden dürfen.

1973 entließen die Forstbehörden von Kocevje in Slowenien 3 Luchspaare in die Berglandschaft. Hier war die Wiedereinbürgerung ebenfalls ein voller Erfolg. In dieser Region hat sich eine Luchspopulation gebildet, die große Areale Sloweniens und Kroatiens besiedelt und wahrscheinlich auch nach Kärnten ausstrahlt. In Slowenien darf die Großkatze bereits wieder legal bejagt werden. Das dient allerdings wohl weniger der Bestandsregulierung als den devisenbringenden Jägern, denn die Bestände pendeln sich normalerweise von selbst auf einem relativ niedrigen Niveau ein.

Der nächste Wiedereinbürgerungsversuch des Luchses fand 1975 in Italien statt. Er sei hier nur der Vollständigkeit halber erwähnt. Illegale Abschüsse verhinderten schon bald die weitere Ausbreitung des im Alpen-Nationalpark Gran Paradiso ausgesetzten Luchspärchens.

1976 und 1977 folgte Österreich mit der Aussetzung von 9 Karpatenluchsen, die überwiegend in der Steiermark ihre neuen Aktionsräume suchten. Kurze Zeit nach der Aussetzungsaktion mußte ein älteres Tier eingefangen werden, weil es für das Vorhaben nicht mehr geeignet war. Aus dem Gebiet kamen nur spärliche Meldungen. Es ist jedoch davon auszugehen, daß sich diese Population ebenfalls etabliert hat, wobei es wahrscheinlich Zuwanderungen aus Slowenien gab. Auch in dieser Region kam es bisher zu mindestens einem illegalen Abschuß.

1983 versuchte man den Luchs auch in den Vogesen wieder heimisch werden zu lassen. 3 ausgesetzte Tiere bildeten hier den ersten Grundstock eines Bestandes, der jedoch immer in Frage gestellt war. Bald nach dem Wiedereinbürgerungsversuch wurde ein Luchs erschlagen und mindestens 2 illegal abgeschossen. Einer von beiden war eine führende Luchsin mit 3 Jungen, die nach dem Tod ihrer Mutter verhungerten.

Bei der sich am Anfang gut entwickelnden Jurapopulation kam es inzwischen ebenfalls zu empfindlichen Rückschlägen. Im französischen Teil diese Mittelgebirges lockerten die Behörden nach einer Demonstration von Schafhaltern in der Kleinstadt Bourg-en-Bresse das Jagdverbot. Die Schäfer erhielten die Erlaubnis, den auf „frischer Tat ertappten" Luchs zu erlegen. Das war ein nicht zu kontrollierender Freibrief, der innerhalb kürzester Zeit 12 Juraluchsen das Leben kostete. Nach vorsichtigen Schätzungen dürfte damit mehr als ein Drittel der in diesem Mittelgebirge lebenden Luchse erlegt worden sein.

Bayerischer Rückfall oder: Luchs gegen Ministerpräsident

In Bayern war der Luchs ebenfalls „im Kommen" und das nicht nur im Bayerischen Wald. Als Einbürgerungsgebiet war nach einer 1991 getroffenen Vorentscheidung der Alpenraum vorgesehen. Die Aussetzungsareale von 6 Luchsen sollten im Nationalpark Berchtesgaden und/oder in dem Oberland zwischen Lech und Inn liegen. Nach Meinung von Ulrich Wotschikowsky (Wildbiologische Gesellschaft) ist die von Autobahnen umschlossene Landschaft des Naturschutzparkes Berchtesgaden gerade groß genug um 2 Großkatzen den notwendigen Aktionsraum zu bieten. Im Werdenfelser Land sind die Voraussetzungen für ein Wiedereinbürgerungsprojekt dagegen weitaus günstiger. Allerdings zeichnen sich hier politisch bedingte Schwierigkeiten ab. In diesem Areal liegt der Wahlkreis des bayerischen Ministerpräsidenten. Auf einer gemeinsamen Pressekonferenz Anfang 1991, veranstaltet vom bayerischen Umweltminister und dem Vorsitzenden des Bundes Naturschutz Bayern erklärte man optimistisch, daß die Chancen einer Wiedereinbürgerung des Luchses im Nationalpark nicht schlecht wären. Der ebenfalls anwesende Vorsitzende des Landesjagdverbandes, dessen Organisation diesem Projekt bereits zugestimmt hatte, formulierte unterstützend, daß man das Vorhaben im Alpen-Nationalpark eines Versuches für wert halte. Doch gerade Vertreter dieses Bayerischen Jagdverbandes nahmen das Vorhaben bald unter heftigen Beschuß, mit deftigen, aber völlig unzutreffenden Argumenten: Bei einer Hegeschau in Bad Reichenhall warnte der BJV-Kreisverband vor dem Luchs als Bestie, die alles auffresse, angefangen beim Hirsch im Wintergatter über die Schafe in ihren Pferchen bis hin zu den Auer- und Birkhühnern in den von Touristen übervölkerten Wäldern. Verstärkt wurde der Chor der Luchsgegner noch durch die Bauern und Schafzüchter. Eine solche Phalanx kann ein Umweltminister natürlich nicht ignorieren. Schon bald bot sich bei einer Pressekonferenz die Gelegenheit die ursprünglich gemachten Aussagen mit einem entsprechenden Hinweis abzuschwächen: es habe sich nur darum gehandelt, von staatlicher Seite aus Interesse an der Wiedereinbürgerung des Luchses zu signalisieren, selbstverständlich bedürfe dieses Interesse der Unter-

Auch im Schwarz-wald möchte man den Luchs wieder ansiedeln

stützung der Bevölkerung in den betroffenen Landesteilen. Die Meinung eines repräsentativen Teils dieser Mitbürger wurde durch eine von der Wildbiologischen Gesellschaft München e. V. unter Federführung von Sibylle Gernhäuser publizierten Untersuchung im Mai 1991 bekannt. Danach waren Dreiviertel der Befragten der Meinung, daß Luchse dort leben sollten, wo sie früher einmal heimisch waren. Doch dann kam das St. Floriansprinzip zur Geltung. Nicht einmal die Hälfte aller Befragten, nämlich 48,1 %, würde das Ansiedlungsareal gerne in seiner Nähe sehen.

Luchskämpfe in Baden-Württemberg

Die Bemühungen der Luchsinitiative Baden-Württemberg, den Luchs nach mehr als 220 Jahren Abwesenheit im Schwarzwald wieder anzusiedeln, stößt auf den Widerstand des Bauernverbandes und des Landesjagdverbandes. Diese Geschichte ist ein Schulbeispiel dafür, wie Unwissen und Eigennutz ein von der Mehrheit der Bevölkerung befürwortetes Projekt behindern.

Im Frühjahr 1988 legte der Landesnaturschutzverband Baden-Württemberg ein Grundsatzprogramm vor, an dessen Ausarbeitung auch der Landesjagdverband beteiligt war und das zum Thema „Naturschutz und Jagd" Stellung bezog. Unter Ziffer 4 ist in diesem Papier ausdrücklich die Forderung festgeschrieben, daß im Südweststaat unter anderem auch der Luchs für die Wiedereinbürgerung in Frage kommt. Unter dem Druck von zwei Mitgliederversammlungen, in denen betroffene Revierinhaber aus dem Schwarzwaldbereich vertreten waren, die sich in ihrer Mehrheit gegen die Ansiedlung aussprachen, machte der Vorsitzende des Landesjagdverbandes eine Kehrtwendung und lehnte das Luchsprojekt schließlich unter äußerst fadenscheinigen Begründungen ab. Davon einige Kostproben:

Aussetzungen „halten wir für einen Schock für andere Wildarten, wenn die Raubkatzen über Nacht so massiv auftreten". Die durch den Luchs verursachten Haustierschäden würden nicht Hunderttausende, sondern Millionenbeträge kosten. Auch die gefährdeten Auerhuhnvorkommen wären durch die Großkatze bedroht. Bei der letzten Behauptung bleibt nur die Frage, warum die Herren „Heger" in einigen Auerhuhngebieten ausgerechnet Wildschweinfütterungen installiert haben, um diese Gelege- und Kükenfresser an das Revier zu binden.

Gegen eine allmähliche Einwanderung aus den angrenzenden Luchsarealen hätte man natürlich nichts einzuwenden, ließ sich weiterhin aus diesen Kreisen vernehmen, dann würde man sogar die Patenschaft für

die entsprechende Großkatze übernehmen. So kam das zuständige Ministerium „nach gründlicher und sachlicher Prüfung" schließlich zur Ablehnung des Projektes. Die Ergebnisse der zweijährigen Arbeit des Forstzoologischen Institutes durch S. Goßmann-Köller und Detlef Eisfeld „Zur Eignung des Schwarzwaldes als Lebensraum für den Luchs" flossen in diese sachliche Prüfung allerdings nicht ein.

Die Entscheidung führte folglich zu heftigen Protesten in weiten Kreisen der Bevölkerung, die auch in den Medien ihren Niederschlag fanden. Dieser Widerstand veranlaßte das zuständige Ministerium zu einem ersten Rückzugsgefecht. Eine erneute Erklärung lautete, daß jetzt überprüft würde, ob und unter welchen Voraussetzungen sich in staatlicher Trägerschaft eine Einbürgerung des Luchses in Baden-Württemberg realisieren lasse. Jetzt sei auch geplant, Gespräche mit Wildbiologen und sonstigen Wissenschaftlern zu führen, die bereits über Erfahrungen mit Luchswiedereinbürgerungsprojekten verfügten.

Aber schon tauchen aus einer neuen Ecke neue Bedenken auf. Ein Funktionär des BLHV, das ist ein landwirtschaftlicher Verband im Schwarzwaldbereich, stellte die Behauptung auf, ausgesetzte Luchse gefährdeten die Mutter-Kuhhaltung. Die bisherigen Erfahrungen zeigen jedoch, daß es sich dabei lediglich um Zufallsrisse handelt. Das beste Beispiel hierfür sind die Gurktaler Alpen. Seit 1977 zählt dieses Gebiet, in dem Mutter-Kuhhaltung betrieben wird, wieder zum Luchsrevier. Erst 1988, also 11 Jahre nach der Wiedereinbürgerung wurde zum ersten Mal ein Jungtier auf der Weide vom Luchs gerissen.

Mutter-Kuhhaltung kann also als Gegenargument zur Luchswiedereinbürgerung in Baden-Württemberg wohl kaum herhalten. Wenn die angekündigten Gespräche zwischen Politikern und Wissenschaftlern wirklich stattfinden, wird das auch den Entscheidungsträgern klar werden.

Verläßliche Parameter

Das Für und Wider von Luchswiedereinbürgerungen läßt sich an Hand klarer Vorgaben beurteilen:

– Ist das vorgesehene Gebiet durch Wissenschaftler auf seine Eignung untersucht?
– Ist die wissenschaftliche Betreuung des Objektes für die ersten Jahre der Wiedereinbürgerung gesichert?
– Wie erreicht man eine großzügige Schadensregelung, die durch den Luchs verursachte Schäden abdeckt?
– Wie kann man die ausreichende Information der ansässigen Bevölkerung erreichen?
– Ist sichergestellt, daß nur Wildfänge und keine „Gehegeluchse" zur Aussetzung gelangen (Gehegeluchse haben nicht gelernt, Wild zu erbeuten. Sie werden in Freiheit entweder verhungern, oder sich, wenigstens in der ersten Zeit, an Haustiere halten, da ihnen die Scheu vor dem Menschen fehlt).

Bei etlichen dieser Fragen kann man auf Erfahrungen zurückgreifen. Nachdem bereits in einigen Regionen seit der Wiedereinbürgerung teilweise über 2 Jahrzehnte verstrichen sind, gibt es zum Beispiel Statistiken, die man heranziehen kann, wenn man die Bestandsentwicklung von Schalenwild und Luchs ermitteln möchte. Wie bereits an den Beispielen Schweiz und Schweden erläutert, ist auf die Dauer sogar ein Anstieg des Schalenwilds zu beobachten. Lokal, d. h. auf kleinere Areale bezogen, kann sich zwar manchmal ein etwas anderes Bild ergeben, aber das ist ohne Bedeutung. Ein Grund dafür soll kurz geschildert werden. Im Gegensatz zum Bayerischen Wald werden in der Schweiz die Rehe im Winter nicht nur in Tälern, sondern auch in Berglagen über 1000 m ü. d. M. gefüttert. Extreme Schneehöhen schließen diese Tiere dann regelrecht ein, und an solchen Plätzen greift der Luchs merkbar zu. Doch ohne Fütterungsstellen würden hier im Winter sowieso keine Rehe leben. Ihr Lebensraum liegt in dieser Zeit viel weiter talwärts. So stellt der Luchs nur das natürliche Gleichgewicht wieder her. Seine eigene Bestandskurve verlief nach der Einbürgerung nicht in einer gleichmäßigen Bahn. Erst stieg sie einige Jahre an, um dann abzufallen. Anschließend pendelte sie sich auf einem relativ niedrigen Niveau ein. Auch hierfür gibt es eine Erklärung: Erst wenn sich Rotwild, Rehe, Gemsen, Hasen und alle anderen auf dem Speisezettel der Großkatze stehenden Tiere

wieder auf den Luchs eingestellt haben, dehnt er seine Aktionsräume weiter aus; es lebt dann nur noch ein Luchs in einem Areal in dem anfänglich z. B. noch zwei Artgenossen genügend Beute machen konnten. Der beschriebene Ablauf war in allen wiederbesiedelten Kantonen zu beobachten.

Wiedereinbürgerungserfahrungen, wie z.B. die von Huetstock helfen in vielerlei Hinsicht bei aktuellen Maßnahmen, nicht zuletzt bei der Wahl des richtigen Gebietes

Haustierverluste:
Ein Mythos wird entlarvt

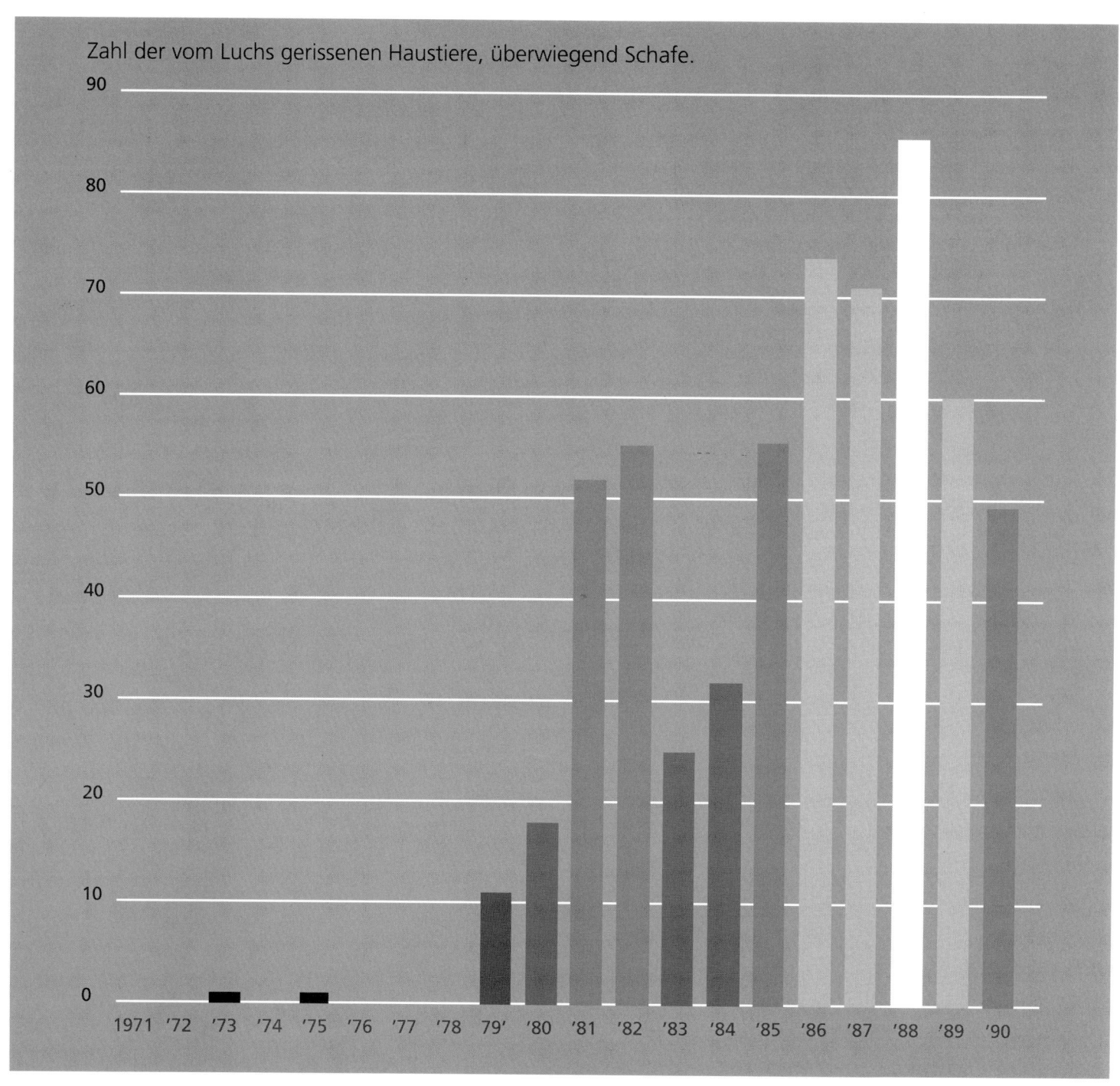

Zahl der vom Luchs gerissenen Haustiere, überwiegend Schafe.

In den amtlichen Belegen, die bis zur Ausrottung des Luchses erstellt wurden, sind in der Schweiz 32 Schadensfälle an Haustieren überliefert, wobei sich ein Schadensfall auf mehrere Tiere beziehen kann. Es handelt sich überwiegend um Schafe und Ziegen. Die Verluste sind bemerkenswert gering, selbst wenn man in Rechnung stellt, daß nicht alle überliefert sind. Sie erstrecken sich über ein riesiges Areal und einen großen Zeitraum.

Allerdings ist auch auf spektakuläre Verluste hingewiesen worden: 1813 riß ein Luchs innerhalb weniger Wochen in Morschach 40 Ziegen und Schafe. 1814 kamen im Simmental durch 3 oder 4 dieser Großkatzen 160 Ziegen und Schafe zu Tode. Und zwischen 1820 und 1830 stürzten im Bregenzer Wald am Hohen Ifen 600 verfolgte Schafe in den Abgrund. Bei der Würdigung derartiger Begebenheiten sollte man in Betracht ziehen, daß derartige Massenverluste auch auftraten, als die Luchse schon lange aus unserer Landschaft verschwunden waren. So stürzte im Sommer 1969 eine Herde von 150 Schafen im Dransetal über eine mehrere hundert Meter hohe Felswand in die Tiefe. Das zeigt, daß Angaben aus früheren Zeiten einer kritischen Betrachtung unterzogen werden sollte. Nicht alles was man dem Luchs anlastete, geht auch wirklich auf sein Konto. Streunende Hunde, Wölfe und Unwetter können bei solchen Verlusten ebenfalls die auslösenden Faktoren gewesen sein. Die damals wesentlich intensiver betriebene Ziegen- und Schafhaltung, mußte den Luchs geradezu auf diese Tiere lenken. Dazu kam noch, daß die Tiere weitgehend sich selbst überlassen wurden, d. h. sich oft gänzlich unbeaufsichtigt, Tag und Nacht, Sommer wie Winter, in unwegsamem bergigen Gelände aufhielten. Außerdem erlebten die eigentlichen Beutetiere des Luchses, Wildtiere, eine Bestandsminderung, die nicht durch die Großkatze verursacht wurde. In der Schweiz verschwanden in den ersten Jahrzehnten des 19. Jahrhunderts das Rotwild völlig und die Rehe nahezu. Diese Entwicklung erschwerte es dem Luchs natürlich genügend Beute zu machen. Er wich gezwungenermaßen auf Haustiere aus.

Weil heute vielen Luchsgegnern zwar diese Haustierschäden aus dem Beginn des 19. Jahrhunderts, nicht aber die genannten Hintergründe bekannt sind, nehmen bei den Wiedereinbürgerungsdiskussionen die Haustierschäden einen breiten Raum ein. Aufgrund der bisherigen Erfahrungen können diese Befürchtungen jedoch klar widerlegt werden. Die von Verbandsfunktionären der Landwirtschaft aufgestellte Behaup-

tung, der Luchs würde weidende Kühe und Pferde anfallen, gehört in das Reich der Fabel. Weder in den Jahrhunderten vor der Ausrottung noch nach der Wiedereinbürgerung ist ein derartiger Vorfall sicher belegt. Im Waadtländer Jura wurden zwar 4 Aberdeen-Kälber (Rinder) vom zuständigen Wildhüter als Luchsrisse angegeben. Die Sachlage war aber durchaus nicht klar. Nur weil der Kanton Waadt trotzdem eine Entschädigung auszahlte, rutschte dieser Vorfall mit in die Schadensstatistik.

Die durch Luchse verursachten Schafverluste im französischen Jura belaufen sich auf 200 gerissene und 30 verletzte Tiere. Sie umfassen den Zeitraum von 1974 bis 1988. 80 % dieser unbeaufsichtigten Schafe wurden 1988 getötet und davon wieder 80 % in einem kleinen Gebiet des südlichen Juraareales. Hier sind drei Deutungen möglich. Entweder die Großkatze hatte sich auf die Haustiere spezialisiert, oder ein Luchs hatte ein ihm nicht vertrautes Gelände besetzt und war in der ersten Zeit auf Haustiere ausgewichen oder es war ein aus einem Gehege stammendes illegal ausgesetztes Tier, welches die Jagd auf seine eigentliche Beute noch nicht beherrschte und deshalb auf die unbeaufsichtigten Schafe zurückgriff.

Jeder, der schon einmal selbst Tiere aufgezogen hat, die ihre Beute erjagen müssen, weiß, daß diese, meist unter der Anleitung der Eltern, die erfolgreiche Pirsch erst allmählich erlernen. Haben sie diese Möglichkeit nicht und werden trotzdem in die Freiheit entlassen, endet das oft mit dem Hungertod. Selbstverständlich zeigen solche Tiere in ihrer Not dann auch untypisches Jagdverhalten, d. h. sie weichen auf Haustiere aus. Deshalb wird bei der Einbürgerung in der Regel auf Wildfänge zurückgegriffen oder man setzt Tiere aus, die in großräumigen Gehegen den arteigenen Nahrungserwerb erlernen konnten.

In den Vogesen ist die Schafhaltung unbedeutend, folglich Luchsrisse sehr selten. In die Schadensregulierung ist hier der World Wildlife Fund eingebunden, der für die vom Luchs erbeuteten Haustiere aufkommt.

Im Bayerischen Wald erscheint bisher ein Schaf auf dem Konto der Großkatze. In der Tschechoslowakei treten die insgesamt geringen Schafverluste ebenfalls nur dort auf, wo die Tiere unbeaufsichtigt leben. Die Ausfälle bei Haustieren in Polen, Rumänien und Schweden sind von der Zahl her ohne Bedeutung.

Die Tabelle veranschaulicht die in der Schweiz durch die Schadensregelung von SBN und den Kantonen vergüteten Luchsrisse – überwiegend Schafe – von 1971 bis 1990.

In der Summe sind das 582 Tiere, für die als Schadenssumme 167 932 sfr. aufgewendet wurden. Von 1971 bis 01.04.1988, also bis zur Inkraftsetzung der revidierten eidgenössischen Jagdverordnung, traten insgesamt 392 Schadensfälle auf. Überwiegend handelte es sich um Schafrisse.

Bei der Betrachtung dieser Zahlen, stellt sich die Frage, warum die Haustierrisse nach 1983 anstiegen und nach 1989 wieder abfielen. Dieser Verlauf steht im Zusammenhang mit dem Vordringen der Luchspopulation in noch nicht besetzte Kantone, in diesem speziellen Fall, in den Kanton Wallis: Das ist ein Gebiet mit einer für die Schweiz intensiven Schafzucht (Bestand 1990 ungefähr 60 000). Wie bereits ausgeführt, gab es hier Ende der siebziger Jahre erste Hinweise auf die Großkatze. Anfang der achtziger Jahre hat sie sich im Wallis definitiv etabliert. Damit verbunden war die Zunahme der Haustierrisse. In den folgenden Jahren hatte sich die Zahl der durch die Großkatze verursachten Verluste stabilisiert. Für die gesamte Schweiz ist der Trend sogar wieder abnehmend. Das ist vermutlich auf die gegenseitige Anpassung zwischen Luchs und Beutetieren (Reh, Gemse) zurückzuführen.

Nachdem zunächst der SBN für Luchsschäden aufkam, ist Anfang 1988 die Schadensregulierung in der Schweiz durch ein neues Jagdgesetz auf die Kantone übergegangen. Der Bund beteiligte sich mit 30 bis 50 % an den Kosten. Trotzdem sind manche Kleintierhalter immer noch unzufrieden; sie geben an, es werde ihnen nicht jeder durch den Luchs zugefügte Schaden ersetzt. Um auch solche Fälle abzudecken, soll die Entschädigungspraxis in Zukunft liberalisiert werden. Im Gespräch ist eine freiwillige, subventionierte Kleinvieh-Versicherungsklasse für jede Art von Haustierverlust. Bei einer Schadensfeststellung ergeben sich für geschulte Personen durch Fraßspuren klare Hinweise auf den „Täter". Als vorbeugende Schutzmaßnahme besteht die Möglichkeit, daß Schafe in Zukunft breite, gelbe, bißsichere Halsbänder tragen, die mit Glocken versehen sind. Doch auch ohne dieses Band ist die Zahl der gerissenen Schafe und Ziegen im Verhältnis zum Gesamtbestand dieser Tiere äußerst gering. Wenn man die jährliche Rißrate von durchschnittlich 30 Schafen auf die Luchspopulation der Schweiz umlegt, entsprechen die gerissenen Tiere weniger als 1 Promille des Gesamtbestandes. Die nicht durch den gefleckten Jäger bedingten Verluste infolge Krankheit und Absturz liegen dagegen bei 1 bis 2 %!

Oberförster Lienert, der 1971 die ersten Schweizer Luchse aussetzte...

...und ein „glücklicher" Luchs beim Sprung in die Freiheit

...dem noch viele folgen könnten, da immer mehr Aktionsgruppen sich um den Luchs kümmern...

Luchs und Mensch

Vor einer Wiedereinbürgerung stellt sich auch die Frage, wie sich die wehrhafte Großkatze gegenüber dem Menschen verhält. Um es gleich vorwegzunehmen: Die Bevölkerung in den Luchsregionen merkt kaum etwas von diesem „Mitbewohner". Er meidet in der Regel Ansiedlungen. Außerdem ist die Möglichkeit eines Zusammentreffens mit dem Menschen ohnehin äußerst gering, da seine Aktivitäten in die Dämmerungs- und Nachtstunden fallen. Eine Kollision mit einem Verkehrsmittel ist nicht völlig auszuschließen, wobei infolge der auseinandergezogenen Siedlungsdichte des Luchses derartige Begegnungen wohl selten bleiben.

Nach allen bisherigen Erfahrungen gilt der gefleckte Jäger als äußerst menschenscheu. Nur wenn er sich in die Enge getrieben fühlt, wird er sich zur Wehr setzen, aber das tun auch andere Wildtiere. Bisher sind nur 2 Vorkommnisse bekannt, bei denen der Luchs Menschen angefallen hat. Sie datieren aus den Jahren 1640 und 1819. Da wir die Vorgeschichte nicht kennen, ist die Wahrscheinlichkeit groß, daß die zwei Angriffe des Luchses aus einer Notwehrsituation heraus erfolgten. Tollwut scheidet jedenfalls von vornherein aus. Diese Viruskrankheit, die die Großkatzen nur selten befällt, äußert sich bei ihnen nicht in dem vom Fuchs bekannten Aggressionsverhalten, sondern führt zu Lähmungserscheinungen. Die Tiere ziehen sich in ein Versteck zurück, welches gleichzeitig ihr Sterbelager ist.

Auf alle Fälle hat unser „Meister Pinselohr" in der heutigen Zeit noch nie einen Touristen oder sonstigen Mitbürger verspeist. Im Gegenteil, die, wenn auch versteckte Anwesenheit, der Luchse hat der Touristikbranche durch entsprechende Vermarktung beachtlichen Auftrieb gebracht. Luchs und intakte Landschaft werden hierbei gleichgesetzt. Fernsehen, Rundfunk, Presse, Prospekte, Postkarten mit Luchsbildnissen und Bildbände unterstützen nicht nur im Neuenburger Jura nachhaltig den Eindruck, daß ein Gebiet, in dem sich der Luchs wieder zu Hause fühlen kann, eine so weitgehende Natürlichkeit aufweist, daß es für den Menschen einen idealen Erholungsraum darstellt. So gibt es eigentlich keinen Grund, der in geeigneten Gebieten gegen eine Wiedereinbürgerung des Luchses spricht. Deshalb bleibt zu hoffen, daß sich diese Erkenntnis immer mehr durchsetzt.

...und dabei auch die Schafe nicht vergessen: Halsbänder könnten dem Luchs den gelegentlichen Appetit verleiten;

es liegt an uns, ob unsere Kinder die Luchsstatue im Bayerischen Wald als Mahn- oder als Naturdenkmal verstehen werden.

Anhang 1: Luchsgeschichte in chronologischer Kurzform

1200-1500	Beginn des Ausrottungsprozesses.
1480	Erste Hinweise auf Luchse im Schwarzwald.
1500-1600	Der Luchs bevölkert noch das gesamte Juraareal.
1561	In den Schweizer Südalpen, in Bormio wird der Luchs zum ersten Mal im Jagdrecht erwähnt.
1576	Das Elsaß wird noch von einer guten Luchspopulation bewohnt.
1587	In den Markgräflichen Baden-Baden'schen Forstgesetzen wird die Ablieferung der Felle von geschossenen Luchsen geregelt.
1607	Erster schriftlicher Beleg eines geschossenen Juraluchses aus dem Kanton Schaffhausen.
1613	Erste schriftliche Luchshinweise in der Gotthardregion.
1618-1648	Es tobt der Dreißigjährige Krieg. Infolge rückläufiger Bevölkerungsentwicklung und nachlassendem Jagddruck steigt der Luchsbestand in Deutschland vorübergehend wieder an. Diese gute Luchspopulation greift auch auf die Nachbarländer über.
1647-1663	In diesen 17 Jahren werden in Württemberg 209 Luchse erlegt.
bis 1700	Das Luchsvorkommen der Schweiz erstreckt sich noch über das ganze Land, das Mittelland eingeschlossen.
1700	Um dieses Jahr wird der Ausrottungsprozeß im Elsaß beendet.
1700-1800	Der Luchsbestand im Schweizer Mittelland erlischt.
1719	Das Luchsvorkommen in Württemberg wird noch auf 43 Tiere geschätzt.
1750	In den Vogesen ist die Population der Großkatze bis auf einen kleinen Rest zusammengeschmolzen.
1750-1780	Die Regionen zwischen Bodensee und Aare, das südliche Areal der Voralpen und die Berge der Schweizer Jura zählen nicht mehr zu den Aktionsräumen des Luchses.
1767	Die Hinweise auf den Luchs im Schwarzwald werden seltener.
1770	Der letzte Luchs des Schwarzwaldes wird erlegt.
1790-1800	Die Luchspopulation im Tessin und Veltlin erlischt.
1796	Der letzte Luchs Thüringens wird geschossen.
1800	In Europa ist nur noch die Hälfte der Siedlungsräume vom Luchs besetzt. In Vorarlberg und Allgäu leben noch größere Luchsvorkommen. Luchsbelege in Graubünden werden immer seltener. Im Schweizer Juragebiet ist der Luchs ausgerottet.
1800-1850	Der überwiegende Teil der Südalpen, der Zentralalpen und das Gebirgsareal zwischen Aare und Genfer See werden frei von Luchsen.
1818	Das Ende der Luchspopulation im Harz.
1846	Der letzte württembergische Luchs wird auf der Schwäbischen Alb erlegt.
1850	Erlöschen des Luchsvorkommens in den Allgäuer Alpen, den Bayerischen Alpen, den Nordtiroler Kalkalpen, in den Berner und Waadtländer Alpen. Im Wallis und den Französischen Alpen lebt noch ein guter Luchsbestand.
1850-1900	Den menschlichen Nachstellungen entgehen im Wallis und Graubünden nur wenige Tiere.
1872	Der Tiroler Bestand der Großkatze ist ausgerottet.
1882	Der Brienzer Raum in der Schweiz ist luchsfrei.
1885	Im französischen Juragebiet wird der letzte Luchs erlegt.
1892	Die Großkatze ist auch in der Steiermark verschwunden.
1900-1915	Die Großkatze wird auch in den letzten Schweizer Rückzugsgebieten ausgerottet.
1900	Zu Anfang des 20. Jahrhunderts erlischt in den Meeralpen, Grajischen-, Cottischen- und Penninischen Alpen der Luchsbestand.
1909	Letzte Luchsbeobachtung auf der Walliser Simplonseite.
1915	Die letzte Großkatze des Alpenmassives wird gesichtet.
1934	Unterschutzstellung des Luchses in der Slowakei.
18.8.67	Unterschutzstellung des Luchses in der Schweiz.
1970	Erste Aussetzung eines Luchses im Bayerischen Wald.
23.4.71	Beginn der Wiedereinbürgerung in der Schweiz.
1973	In Slowenien wird eine neue Luchspopulation gegründet. Aussetzung von 2 Luchsen im italienischen Nationalpark Gran Paradiso.
1976	Wiedereinbürgerungsversuch in der Steiermark.
1980	Nach der Wiedereinbürgerung in der Schweiz nachweislich die erste Überquerung des Grimselpasses durch die Großkatze. Kanton Uri wird wiederbesiedelt.
1983	Einbürgerungsversuch des Luchses in den Vogesen.
ab 1983	Wiederbesiedlung des Vorderrheintales und des südlichen Walenseeareales, der Kantone Jura, Berner Jura, Solothurn, Basel Land und Aargau.

Anhang 2: Informations- und Aktionsadressen

Die Luchsprojekte Mitteleuropas werden von der Wildbiologischen Gesellschaft München e. V. koordiniert.

Wildbiologische Gesellschaft München e. V.
8107 Etal
Tel.: 08822/6363
Hypobank Oberammergau,
Kto.: 6950-139003
BLZ: 703 203 05

Um die angestrebte Wiedereinbürgerung des Luchses im Schwarzwald bemüht sich vor Ort die

Luchsinitiative Baden Württemberg
für die Förderung des Artenschutzes
Kriegerstraße 15,
7000 Stuttgart 1
Tel.: 0711/29 2782
Fax.: 0711/29 4656
Landesgirokasse Stuttgart
Kto.: 2061425, BLZ.: 600 501 01

Informationen über Luchseinbürgerungen erhält man auch beim

Institut für Waldökologie
im Naturschutzbund Deutschland
Sandbachstraße 2,
7580 Bühl-Vimbuch

und beim
Institut für Wildbiologie und Jagdwirtschaft
Universität für Bodenkultur
Peter-Jordan-Str.
76/2, A-1190 Wien
Erste Österreichische Sparkasse Wien,
Kto.: 4909-80007, BLZ.: 20111

In der Schweiz arbeiten die

Luchs-Gruppe der Kärntner Jägerschaft
Bahnhofstraße 38 B, A-9020 Klagenfurt
Bank für Kärnten und Steiermark Klagenfurt,
Kto.: 100-112-140, Kennwort:
Luchsprojekt Kärnten
BLZ.: 1700

und die
Eidgenössische Forstdirektion
Postfach, 3003 Bern
Tel. 00 41 31/67 78 49
Genossenschaftliche Zentralbank AG, Bern
Kto 441246.300044-2

Ein großräumiges Freigehege, in dem Luchse beobachtet werden können, gibt es im „Nationalpark Bayerischer Wald" in der Gehegezone bei Neu- oder Alt-Schönau. Ein weiteres Freigehege befindet sich im Steinwasen zwischen Kirchzarten und dem Schauinsland (Schwarzwald)

Literatur

Breitenmoser U., Haller H., Zur Nahrungsökologie des Luchses (Lynx lynx) in den Schweizer Nordalpen. Z. Säugetierkunde 52:168-191 (1987)

Breitenmoser U., Haller H., Blankenhorn H.J., Anderegg R., Luchs und Schaf, 9/90, Infodienst Wildbiologie und Ökologie, Zürich

Domig P., Stellungnahme der Oberwalliser Schafzüchter zum Luchsproblem, Wildtiere 1/91, Infodienst Wildbiologie und Ökologie, Zürich

Eiberle K., Lebensweise und Bedeutung des Luchses in der Kulturlandschaft, Festetics, A. (Hg), Der Luchs in Europa – Verbreitung, Wiedereinbürgerung, Räuber-Beute-Beziehung, Greven, 1980, Hamburg und Berlin, 1972

Gernhäuser S., Ein Meinungsbild zum Luchs in Bayern, Wildbiologische Gesellschaft München e.V., U. Wotschikowsky, Nr. 10/Mai 1991

Goßmann-Köller S., Eisfeld D., Zur Eignung des Schwarzwaldes als Lebensraum für den Luchs (Lynx lynx). Zeitschrift. Mitteilung des Badischen Landesvereins für Naturkunde und Naturschutz. Mit. Art. Landesver. Naturkunde und Naturschutz. NF 15(1): 177-246 (1990)

Grzimek H. Dr. Dr. H. C., Grzimeks Tierleben, Band 12, Zürich, 1967

Haglund B., De stora rovdjurens vintervanor. I. (winter habits of the Lynx (lynx lynx L.) and wolverine (Gulo gulo L.) as revealed by tracking in the snow. Viltrevy 4:81-299 (1966)

H. Haller, Urs Breitenmoser, Der Luchs - Verfolgt, ausgerottet und wieder eingebürgert, Schweizer Bund für Naturschutz, Basel, 1984

Hell P., Schutz und Erhaltung des Luchses in Europa, Z. Jagdwiss. 18: 32-36 (1972)

Hell P., Der Stand des Luchses in der Tschechoslowakei, Die Pirsch, 26 (8): 372-375 (1974)

Hell P., Artenschutz verhindert notwendige Regulierung, Deutsche Jagdzeitung, April 1991

Hespeler P., Luchse, Rehe, Emotionen, Wild und Hund, 92. Jahrgang, Hamburg und Berlin, 1989

Hockenjos W., Neun Gründe für den Schwarzwald-Luchs, Der Schwarzwald, Heft 4, Jahrgang 90, Zeitschrift des Schwarzwaldvereins

Hucht-Ciorga I., Studien zur Biologie des Luchses:
Jagdverhalten, Beuteausnutzung, innerartliche Kommunikation und an den Spuren faßbare Körpermerkmale.
Schriften des Arbeitskreises Wildbiologie und Jagdwissenschaft an der Justus-Liebig-Universität, Gießen, Stuttgart (1988)

Kratochvil J., et. al. History of the distribution of the lynx in Europe. Acta sc. nat. Brno 2 (4): 1-50 (1968)

Luchsgruppe, Der Luchs - Erhaltung und Wiedereinbürgerung in Europa, Grafenau 1978

Mosterin J., Dr., Internationaler Herausgeber, Fauna, Band 5, Lausanne, 1977

Nellis C.H., S.P. Wetmore und L.B. Keith: Lynx - prey interactions in central Alberta. J. Wildl. Manage. 36: 320-329 (1972)

Pulliainen E., Winter diet of Felis lynx L. in SE Finland as compared with the nutrition of other northern lynex. Z. Säugetierkunde 46: 249-259 (1981)

Reichelt G., Naturschutz und Jagd, Faltblatt

Scherzinger W., Der Luchs im Bayerischen Grenzgebirge, Arbeitsgruppe Luchs in der ARGE Fischotter

Schneider C., SZ, Naturschützer wollen den Luchs locken, 16.5.91

Schweizer Tierschutz STS, Basel, MENSCH LASS UNS FRIEDEN SCHLIESSEN

Thurn V., Der Luchs kehrt nach Mitteleuropa zurück, natur 5/91

Zachariae G., Elstrodt W., Hucht-Ciorga I., Aktionsräume und Verteilung erwachsener Luchse, Lynx lynx (L) im Hinteren Bayerischen Wald, Z. Säugetierkunde 52: 9-20 (1987)

Register